永田耕作 著

黃薇嬪 譯

東大生的萬用思考術

東大生の考え型

工作、創業、學業都有用的

29種思考模板

練就未來人才的

9大能力

前言

各位很羨慕聰明人吧？

在我國高中時期也嚮往過各式各樣的人，比方說「腦袋轉得快的人」、「很會上臺報告的人」、「記性好的人」諸如此類。各位聽到我這麼說，是否也想到了自己的某位朋友、前輩、上司呢？

你或許會說：「可是，聰明是天生的。」

當時的我也是這麼認為，我以為「資訊處理力」、「說明力」、「記憶力」這些能力全是天生的才能，後天即使再怎麼努力也學不來。

事實上並非如此。

我直到升上高三、退出社團活動之前都在打棒球，怎麼看都不像有實力考上東大。在這種情況下，我採取的做法是「直接把在棒球和運動領域很活躍的人的思考模板，安裝在腦子裡」。

於是我擬定計畫，確認事情能否按照計畫進行，檢討自己的讀書狀況，思考有沒有哪裡需要改善。失敗時，我分析自己哪裡做錯。

我按照「運動員的思考模板」，直接把運動員那套做法應用在升學考試的準備上，結果成績快速提升，順利考進我理想中的東大。

進了東大後，我發現一件事。

實際上，東大的學生們也並非從零開始思考，而是複製別人的思考模板，照著同樣方式學習，所以頭腦好。

我們認為「頭腦好」、「聰明」的人，並不是靠自己從零開始發想。「只要按照這個順序思考，應該就能想出答案」、「只要套用這個思考模板去思考，應該就能導出結論」，他們是像這樣利用模板思考事物並努力實踐，所以能夠有一番成果。

話說回來，你們做菜嗎？

我一個人住之後就開始學著做菜，但我對做菜的印象，在接觸料理之後，變得完全不同。在接觸料理之前，我經常在想：「這麼複雜的食物是怎麼做出來的？腦子不好的人做不出這種東西吧！」

可是在我親自試過後發現，其實做菜也沒什麼特別的，食譜上都會清楚列出「首先要切胡蘿蔔，接著加入這個調味料煎煮⋯⋯」等步驟和流程，只要照著順序做，就能夠做出一道菜。

我們往往只看到結果就覺得「好厲害」、「怎麼那麼聰明」，事實上在抵達結果之前，都有類似食譜的路標，存在明確的過程，「這件事按照這個順序做就行了」。

本書就是在介紹這些思考模板。我萬分期待將「東大生都是如何思考的呢？」、「聰明人是以什麼樣的流程思考、得出結論呢？」等知識告訴各位。

也請各位務必閱讀到最後。

目錄

PART 1
理解力 …… 014

PART 2
分析力 …… 028

PART 3
整理力 …… 042

本書使用方式

　　本書介紹的是東大生思考事物的思考模板。讀者可透過底下的「思考模板解說頁」、「案例分析頁」，親身體驗東大生的思考迴路，接著只要看過並照著那些思考模板做，應該就能重現。

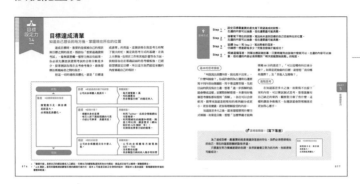

思考模板的解說頁

介紹思考模板是什麼及如何使用。

案例分析頁

介紹在各種場合套用思考模板時，會有哪些情況。

如何下載讀者特典？

　　底下的網址可下載本書收錄的東大生思考模板空白範本，歡迎各位以電子檔方式或列印出來使用。

https://tinyurl.com/32fbj9nh

※讀者特典可能在任何情況下停止提供，敬請見諒。

養成「自己動腦思考的能力」

「自己動腦想一想！」是什麼意思？

「那種事情，自己動腦想一想！」

各位是否也聽過這種話？學生可能會聽到家長、學校老師、補習班講師或大學教授等人這麼說；社會人士也可能常在各種場合聽到上司或前輩這樣說。

近年來，世界各地的 AI 人工智慧技術有了長足的發展，作業單純的工作內容逐漸改由機械取代，因此人類「自主思考的能力」倍受重視。一言以蔽之，「用自己的腦袋思考的能力」變得十分重要。

我也經常看到有人一聽到「自己動腦想一想！」就會回答：
「叫我自己動腦想一想，可是我這麼笨，怎麼可能做到？」
「那種事只有聰明人才能辦到不是？我哪有那種能力？」

有這種想法的人請放心，其實每個人都有「自己動腦思考的能力」，差別只是有些人能夠發揮能力，有些人則否。那麼，這兩種人的差別在哪裡呢？

答案很簡單，就是「能否拆解、分析、整理事物，再用自己的頭腦思考」。拆解事物在任何領域都很重要。

舉例來說，臨時叫你「現在去爬聖母峰」，你會怎麼做？我想多數人恐怕都會回答：「怎麼可能！」攀登聖母峰對於登山經驗豐富的山友來說，也是十分危險的挑戰，因此會這麼想也無可厚非。

但假如把這個「攀登聖母峰」的挑戰細分為「進行體力訓練→準備登山鞋、登山服裝等裝備→攀登海拔較低的山當作練習→用心照顧身體」，情況又是如何呢？你是不是逐漸感受到現實的滋味？

拆解成這樣之後，你反而才會開始去想：「我需要什麼樣的體力訓練？」、「是不是要請個人教練？」、「要買哪種鞋子和服裝？」、「首先要練習爬多高的山？」於是，「自己動腦思考」的重點就會像這樣列出來。如果沒有拆解細分，你就不會想到要動腦思考，只會想著「我要挑戰攀登聖母峰」。

有思考力才能成立的 9 種能力

本書將以上述這種型式，提供各位「自己動腦思考」的提示。至於該如何拆解、分析、整理事物，有時會視情況而不同，在這裡我分成「9 大能力」，並準備各種類型的思考模板，方便應付不同狀況。

①理解力

思考、擬定問題的解決方法時，首先最重要的是理解事物，想想事物出現變化的原因或找出其背景和動機，就能夠對該事物有更深刻的了解。這一章將介紹提高這種「理解力」的思考模板。

②分析力

事情遇到瓶頸時，多數場合是自己沒有分析該事物。針對原因自問自答，或是劃分成事實與課題來思考，就能夠看出自己該做什麼。這一章將介紹提高這種「分析力」的思考模板。

③整理力

　　長大後要處理的事情愈來愈多，待辦事項還沒有整理出來，下一件工作就進來了……這類經驗我相信各位至少都遇到過一次。拆解事物，排出先後順序，自行設定截止時間，就能夠整理出該從哪件事開始做起。這一章將介紹提高這種「整理力」的思考模板。

④改善力

　　老實說「計畫總是趕不上變化」，再聰明的人也鮮少能夠完美做到起先擬定的計畫，最重要的是要能夠主動檢討失敗的原因，改善計畫，避免下次再犯。這一章將介紹提高這種「改善力」的思考模板。

⑤目標設定力

　　凡事最重要的就是設定目標，問題是一般人很難掌握目標的遠近。設定目標的重點是了解自己目前所處的位置，掌握必須達成的終極目標。這一章將介紹提高這種「目標設定力」的思考模板。

⑥閱讀解析力

　　一聽到閱讀解析力，我相信多數人會以為是閱讀文章時需要的能力。懂得如何解讀文章當然也是要素之一，但閱讀解析力不止用在這種場合，記錄別人說話的重點、配合討論的水準等，也能派上用場。這一章將介紹提高這種「閱讀解析力」的思考模板。

⑦記憶力

　　看到記憶力這個詞，一般人只會注意到「腦容量」問題。有些人能夠快速記住事物，有些人則否，有人認為這種差異是與生俱來，無法靠後天彌補，但事實上只要懂得摘要，或是整理主語和述語對應的內容，就能夠更快速記住事物。換句話說，記憶是有訣竅的。這一章將介紹提高這種「記憶力」的思考模板。

⑧取捨力

不管是學業或工作，經常發生「待辦事項太多，腦子應付不來」的窘境，問題是那些事情「真的都非做不可」嗎？你的情況是「再怎麼努力，要做的事情還是做不完」或「不夠努力，所以事情做不完」呢？我認為暫時停下腳步問問自己，是能夠更有效率完成工作的祕訣。這一章將介紹提高這種「取捨力」的思考模板。

⑨說明力

向人表達時，不可或缺的就是巧妙說明的能力，一般人往往以為這種能力就是「溝通力」，但我們可以藉由思考外層的包裝（情境）或找出事物的落差，有系統的培養這種能力。這一章將介紹提高這種「說明力」的思考模板。

何謂思考？

接下來我將介紹本書提出的「9 大能力」。各位看到這裡，有沒有注意到一件事？

沒錯，這 9 大能力裡缺少了「思考力」。為什麼沒有「思考力」的章節呢？原因很簡單，因為思考力正是支撐這 9 大能力的基礎。

那麼思考力要如何養成呢？接下來我們先來看看「思考」。請問各位，「思考」是什麼？本書的主題是套用「東大生的思考模板」思考，目標是對各類事物做出結論，可是話說回來，「思考」是怎麼一回事？

我的回答是「不直接接受眼前的情況」。舉例來說，我們常說「騙人！」從字面上來說，「騙人」的意思是「與真相不同、不對的事情」，字典上就是這樣寫，所以一定不會錯。

但是在「嘿！我考過英文一級檢定了！」、「騙人！太厲害了！恭喜！」這樣的對話情境下，「騙人」的意思是「與真相不同」嗎？

不對，這種時候的「騙人」是「真的嗎？」的意思，即使字典裡沒提到，我們也會把「騙人」當成「真的嗎？」使用。

各位，這就是動腦，不直接接受眼前的情況，而是確實了解其背後的用意、隱藏的背景、前提、發展過程，這就是「動腦」、「想一想」、「思考」。

東大生的這種能力很強，因為東大出的題目多半都是在問：「你如何解釋眼前的情況？」幾乎不出單純只問知識的問題，反而比較多是「這個常在參考書中看到的著名思考模板，你知道為什麼會成立嗎？」或是「這個國中英文單字，我相信你已經看過上百遍，但你知道它真正的意思嗎？」諸如此類，「好像知道是應該的」的問題。

因此東大生很懂得「如何吸收知識」，把各種知識和學到的內容串在一起思考就不容易忘記，或是用更加不同的結構去思考解釋。正因為他們具備思考力，能夠做到的事情也就更多。所謂的思考不是死背知識，而是對知識與狀況提出質疑後，徹底了解其背景。

本書要談的是如何養成這種習慣，也就是「思考模板」，該如何使用腦子比較好？怎麼做才能夠明白更多事物，而不只是眼前的事物？我將利用思考模板幫助各位理解。

接下來將把前面提出的「9 大能力」分為 9 個章節，分別介紹共計 29 個思考模板，每個模板都有具體的填寫範例，以及套用在學業和工作上的方法，只要套用這些思考模板，自然就會養成「自己動腦思考的能力」。

過去認為自己「沒有思考力」而放棄的人讀完這本書，一定也能學會整理雜亂的事物。那麼，我們就實際一個接著一個來看看東大生的「思考模板」吧！

PART 1

理解力

何謂理解力？

「理解」事物究竟是什麼意思？「理解」這個詞經常當成「了解事物」的意思使用，事實上理解的「解」就是「了解」，由此可知這個詞很顯然是著重在「通曉萬物真理」的意思上。

但是「理解」一詞還有另外一個重要意思，而且是多數東大生經常會刻意使用的意思，也就是「清楚事物的根據」，換言之就是「知道原因、理由」。

任何事物、變故、情況背後，必然存在造成這種狀況的理由，我們看著森羅萬象不單只是看著事物本身，也要想著其背景存在什麼樣的狀況、為何發展成那種情況，藉此加深我們的理解。

太陽東升西沉，我想這是閱讀本書的多數人都知道的事實，但若問起「太陽為什麼從東邊升起、西邊落下？」各位會如何回答呢？「因為課本上這樣寫」、「因為老師這樣教」，這些答案不能算是「清楚事物的起因」，換言之不能算是「理解」。當你能夠說明──是因為「太陽不動，地球自轉，從地球看到的太陽方位改變，所以看起來像是東升西沉」，才算是「理解」。

這樣的例子在日常生活中比你想像中更多。平時遇到狀況、看到風景時，問問「為什麼」，我相信你對於事物就不會只停留在「知道」，而是能夠「理解」。

提高理解力的思考模板

本章將介紹 3 種加深「理解」的思考模板。

01 變化前、變化理由、變化後格式

看看事物變化前與變化後，從兩者的落差加深理解。

02 背景／原因格式

別只是思考現象發生的直接原因，也想想發生的背景因素。

03 新問題格式

將一個問題提升成不同的問題，藉此導出下一個問題。

重點在練習腳踏實地思考背後的原因與其他因素，不要只是「知道」。那麼我們就快點來看看「理解力」的思考模板吧！

變化前、變化理由、變化後格式

注意「變化」，掌握事物

　　理解事物時，不可或缺的是想想「變化前、變化理由、變化後」這3點。

　　我舉個例子，假設有人問你：「這裡為什麼出現新的商店？」你回答：「因為建築工人努力趕工！」對方只會覺得「你答非所問」。應該要回答：「這裡原本的商店太過時，已經結束營業，但因為店面位置太好，所以新老闆決定轉型改賣年輕人青睞的商品。」也就是根據新商店出現前的情況、變成新商店的主因，以及變成新商店後的情況這3點回答，對方才聽得懂。只要在回答時記住這一點，就更容易說明清楚事物存在的理由。

　　像這樣按照「變化前、變化理由、變化後」去思考，就是底下的模板。

變化理由

· 附近開了年輕人喜歡的餐飲店
· 正好到了住戶搬遷的季節，熟客搬走了
· 方便好用的訂閱制服務愈來愈多
· 許多人講究健康，轉向在家自己煮

變化前

· 營業額高
· 人潮多，上門光顧的客人也多

變化後

· 營業額持續下滑
· 上門光顧的客人變少

使用方式

Step **1** ▶ 想想事物變化前的狀況。

Step **2** ▶ 想想事物變化後的狀況。

Step **3** ▶ 想想引起變化的狀況，以及狀況發生的原因。

（基本的思考模板）

理解事物時，有些場合把重點擺在變化上會更容易。假設你想分析「營業額下滑的原因」，只要能夠解釋「之前營業額很好，卻因為某些原因下滑了」的現象。就不難想出「某些原因是哪些原因？」。

相反的，如果你沒有著眼在變化上，就很容易忽略重點。舉例來說，問你：「為什麼近年來世界各地發生沙漠化現象？」你回答：「因為人類過度砍伐森林與草原。」這就表示你對沙漠化一無所知，因為人類砍伐森林和草原的行為，從很早以前就開始，只要你不明白沙漠化現象為什麼發生在近年，你的理解就只是表面。答案必須與變化有關，

例如：「世界人口比過去增加，苦於糧食不足的人也愈來愈多，因此擴大砍伐的範圍」。

養成習慣，想想變化前與變化後，想想存在於兩者之間的原因，利用這 3 階段解釋事物吧！

（進階思考）

不能只找出一個變化理由就結束，發生變化不會只是單一理由造成，最理想的做法是多找出幾個理由。幾個理由互相疊加就會帶來變化，因此我認為最好養成確實找出兩個以上理由的習慣，而且要分成「背景」和「原因」去思考，我將在下一個思考模板（請見 20 頁的「背景／原因格式」）中介紹方法。

🖋 這裡是關鍵！〔**想一想變化的理由**〕

利用這個模板進行調查時，最重要的就是「變化理由」這一欄。

一聽到「變化理由」，一般人往往會把重心擺在事物本身，但有時原因是隱藏在事物的周遭環境或其他相關事物中，所以我們必須從多方面掌握。

變化理由
·附近開了年輕人喜歡的餐飲店
·正好到了住戶搬遷的季節，熟客搬走了
·方便好用的訂閱制服務愈來愈多
·許多人講究健康，轉向在家自己煮

01 檢討英文模擬考的結果

這個案例是把前一頁介紹的「變化前、變化理由、變化後格式」套用在課業上,具體來說是模擬考上。

這裡我假設模擬考偏差值提升的理由是「變化理由」,看了這張表之後,有些人或許會認為:「你是先知道結果,事後才來想理由,這樣就沒有意義了。」但是這項分析可以應用在其他學科上,所以還是有意義的。

變化前的狀況是英文差,你利用打好基礎或養成每天早上讀英文的習慣解決了問題,所以應該也能在其他學科上採取同樣模式改善。有機會像這樣動腦思考,在課業上使用這個格式就有價值了。

變化理由

繼續背單字、寫文法練習題等打好基礎,同時每天早晨做 5 分鐘的速讀練習,克服之前覺得困難的長篇閱讀測驗。
剛開始時間不夠用,經常超時,但過了兩週之後,已經能夠從容完成。

變化前

· 英文模擬考的偏差值是 55
· 長篇閱讀花太多時間,時間不夠用

變化後

· 同樣的模擬考偏差值成功提升到 60
· 長篇閱讀測驗不再吃力,能夠輕鬆解題

02 與人溝通的方法

這個案例是大幅改變系統，利用「變化前、變化理由、變化後格式」進行分析。這位分析者認為與人說話變得很愉快的「變化理由」是「懂得重視自己的感受」。

我想多數人都沒有習慣去思考日常生活發生變化的理由，但是趁著這個機會想一想「變化理由」，各位或許會有什麼新發現。

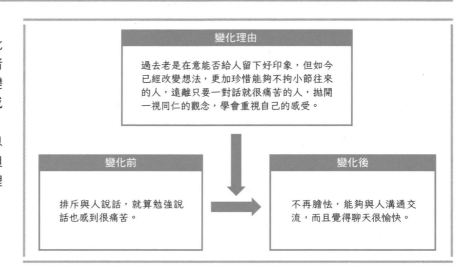

變化理由

過去老是在意能否給人留下好印象，但如今已經改變想法，更加珍惜能夠不拘小節往來的人，遠離只要一對話就很痛苦的人，拋開一視同仁的觀念，學會重視自己的感受。

變化前

排斥與人說話，就算勉強說話也感到很痛苦。

變化後

不再膽怯，能夠與人溝通交流，而且覺得聊天很愉快。

03 如何在期限之內交件？

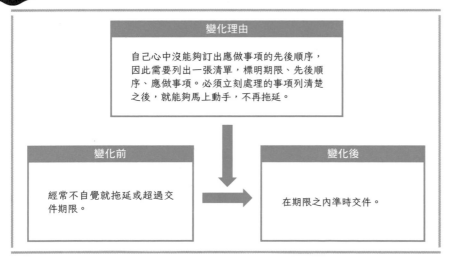

變化理由

自己心中沒能夠訂出應做事項的先後順序，因此需要列出一張清單，標明期限、先後順序、應做事項。必須立刻處理的事項列清楚之後，就能夠馬上動手，不再拖延。

變化前

經常不自覺就拖延或超過交件期限。

變化後

在期限之內準時交件。

這個案例是利用本節介紹的思考模板，想想「如何在期限之內交件」。

我相信各位至少一定有過一次不自覺拖延必須處理的工作，導致無法在期限內交件的經驗。那麼，能夠遵守期限與不能遵守期限的人，究竟有哪裡不同呢？

關鍵就在於先後順序。即使必須處理的事情很多，但只要排好優先順序，就能夠一一準時完成。請各位務必試試。

背景／原因格式

事出必有因，每個原因都有背景

想要深入理解某事物，就必須理解其背景與原因。

當有人問你：「為什麼最近站前商店街不再熱絡，有愈來愈多商家放下鐵捲門？」正確答案是「多數人不再去商店街購物」，但光是這樣還不夠，你不想知道「為什麼多數人不再去商店街購物」嗎？背景因素包括「大型購物中心增加，開車前往可一次買足所有東西」、「外縣市搭大眾運輸的人減少，自己開車的人增加」。如果沒能夠理解背景，就算不上是真正的理解。

這個思考模板不僅能夠幫助你思考原因，也能夠幫助你思考背景。

問題	為什麼最近站前商店街不再熱絡，有愈來愈多商家放下鐵捲門？

背景	間接原因	直接原因
· 大型購物中心增加，開車前往可一次買足所有東西 · 外縣市搭大眾運輸的人減少，自己開車的人增加	· 搭電車購物的人減少，所以人潮也跟著減少	· 去商店街購物的人減少

使用方式

Step 1 ▸ 探討的主題、問題寫在最上面。

Step 2 ▸ 思考表面的直接原因。

Step 3 ▸ 思考背後的間接原因。

Step 4 ▸ 從間接原因延伸思考思考這個問題的背景。

〔基本的思考模板〕

如果不理解事物的背景，就無法理解其真正的意義。豐臣秀吉在實施刀狩令[1]時對農民說：「我們需要金屬建造大佛，所以獻上你們的刀和鐵製農具吧！」事實上那些金屬並非用來鑄造大佛，他之所以提出這麼冠冕堂皇的理由，是為了避免農民因刀和鐵製農具被奪走而群起叛亂。這麼一想，就會發現背景是過去經常發生農民反抗領主的抗爭。看事情必須從各種不同的角度去看，只滿足一個要素無法導出真正的答案，因此我們必須深入挖掘「為什麼」。

我們往往不自覺就會以最直接的原因去思考事物，忽略了社會背景和隱藏在背後的種種因素。營業額過低不是只要調漲商品單價就好，有時還必須改善商品或是更換店面位置，從更間接的、背景層面的地方去改變。

〔進階思考〕

「背景」是導致某狀況發生的根本、本質上的原因，只要不斷的追問「為什麼」就能夠知道答案。「為什麼客人減少」、「為什麼開車的人愈來愈多」，反覆追問為什麼，就能夠逐漸找出本質上的原因。

⌖ 這裡是關鍵！〔想一想間接原因〕

不是直接的原因，我們需要思考引起這種狀況的環境因素。

假設發生暴力事件，施暴的犯人當然不對，但為什麼他會變這樣？我們必須從更寬廣的角度去想，貫徹往後退一步、站在客觀的立場思考。

間接原因

· 搭電車購物的人減少，所以人潮也跟著減少

[1] 刀狩令是沒收武士以外的僧侶和平民所擁有武器的政策。

01 豐臣秀吉為什麼實施刀狩令？

這個案例是把前一頁介紹的「背景／原因格式」套用在課業上。這裡我們就利用前面稍微提過的日本歷史重大事件，也就是豐臣秀吉的刀狩令來練習。

各位看過這個案例也知道，即使是思考同一件事，也有截然不同的「原因」和「背景」。實施刀狩令的原因的確是為了建造大佛，但豐臣秀吉的目的不只如此。利用這個思考模板去想想各種歷史上的重要事件，嘗試掌握每起事件的背景，你或許又會有不同的見解。

像這樣思考事物的背景／原因，順便想想後來發生的事，也就更容易記住了對吧？所有發生的事情必然是以某種形式互相影響，各位記住這點，學會以「時間線」思考吧！

問題	豐臣秀吉為什麼實施刀狩令？

背景	間接原因	直接原因
農民反抗領主的頻率增加 ・對於剛完成一統天下的秀吉來說是一大煩惱 ・為了穩定國家和政治局勢，必須設法預防農民抗爭	拿走農民的武器，讓他們專心務農 ・農民無法武裝起義，就能夠預防農民抗爭 ・提高農業生產率，提高等於是年收入的稻米收成量	建造大佛 ・利用佛教的力量實現世界和平

02 江戶幕府為什麼解除鎖國令？

這個案例與左頁類似，這一題是要思考江戶幕府解除鎖國令的背景與原因。

按照時間順序回想歷史上的重要事件，我相信各位會說直接原因是「黑船事件」，但江戶幕府真的是因為這樣就突然決定打開國門嗎？恐怕不是，在「黑船事件」之前發生過工業革命、鴉片戰爭等，有了危機意識的日本因此考慮解除鎖國令──以這種方式回溯思考，歷史就能夠學得更深入。

問題	江戶幕府為什麼決定解除鎖國令？

背景	間接原因	直接原因
世界各國的近代化 · 工業革命 · 列強的帝國主義→不斷開拓殖民地 · 開始威脅到亞洲	鴉片戰爭 · 清朝敗給英國 · 廢止「驅逐異國船隻令」→改為「薪水給予令」（天保薪水令） · 生活和平導致武器發展遲緩	黑船事件 · 美國海軍准將培里先返國後再度來訪，締結日美親善條約 · 軍事實力與技術能力有壓倒性的差距，因此向歐美強國屈服

03 中國為什麼普遍使用 QR code 支付？

問題	QR code 支付為什麼在中國普及？

背景	間接原因	直接原因
中國急速成長 · 多數國民都有智慧型手機等行動裝置 · 政府有最高權限，方便施行國家支援企業的政策，也方便取得數據資料 · 結果使得使用最新技術的方法快速普及，實現急速成長	對於政府與企業來說很方便 · 使用貨幣會有偽鈔問題，難以解決 · 使用線上支付，可留下顧客的消費情形等數據資料	對於使用者來說很方便 · 不必特地拿出現金 · 比起現金支付，購物時有更多更優惠的折扣活動

這個案例與前面兩個完全不同，這一題將討論中國普遍使用 QR code 支付的原因。

各位在電視新聞等看到「QR code 支付目前在中國急速普及」的報導時有什麼想法？有什麼感受當然都是個人的自由，如果你的反應是好奇「為什麼」，就能夠提升自己的探究能力。對於平時看到或聽到的資訊不要右耳進、左耳出，隨時想一想其背景與原因。

新問題格式

持續更新問題，找出解決之道

思考問題的過程中，你會發現「那個不就是這個問題嗎？」

舉個例子，假設我們在討論「為什麼年輕人沉迷社群網站？」拆解到最後就會發現，這個問題其實就是「為什麼年輕人的人際關係從現實生活轉移到網路上呢？」。

只考慮社群網站很難想出答案，但如果從人際關係的角度思考，或許較容易，也有可能更困難。

多問幾個問題會比只問一個問題更容易導出答案，而且聰明的人很擅長切換問題，因此也很擅長解決問題。

問題	為什麼這個小組的人際關係不協調，經常起爭執？

問題拆解 A	問題拆解 B	問題拆解 C
這個小組 ＝A、B、C、D組成的團隊	人際關係不協調 ＝委託工作時經常發生衝突	具體來說是什麼樣的爭執？

新問題
・B與C為什麼吵架？
・D為什麼每次都會問B和C的意見？
・A清楚這個情況嗎？假如知道，他準備如何改善？

答案
・B與C是同期進公司，而且年齡相仿，因此將彼此視為對手，再加上他們是業務部，很在乎營業額等數字，所以敵對意識過剩
・D與A相差快20歲，價值觀不同，因此D經常請教兩位同組前輩的意見

使用方式

Step 1 ▸ 寫下問題後拆解。

Step 2 ▸ 拆解後，將拆解出來的東西重新組合或深入挖掘，找出新問題（在找尋原始問題的答案同時，要把必要的質疑視為新問題）。

Step 3 ▸ 找尋新問題的答案時，也要找出原始問題的答案。

（基本的思考模板）

我認為深入挖掘單一問題也可以，從拆解的問題延伸也可以。假設以「2010 年代，迪士尼樂園的觀光客為什麼增加？」這個問題為例，我們先拆解觀光客再來思考，結果可知是因為來自中國與臺灣的觀光客很多。接著我們可以再想想「為什麼來自中國和臺灣的觀光客去迪士尼樂園的人很多？」或者也可以從「2010 年代」出發，把問題變成「為什麼 2010 年代來自中國和臺灣的觀光客會增加？」。

每個問題都有答案，但問問題的方式沒有正確答案，你可以問各種問題，也可以採取各種提問方法。我已經說過，聰明人很擅長切換問題，簡言之就是擅長想出各種問題。各位也一起來想想各種新問題，也想想問題的答案吧！

（進階思考）

我們也來試試對日常生活中的瑣碎小事提出問題吧！「為什麼南瓜是從紐西蘭進口？」、「為什麼牛奶多半是在東京都附近生產而不是北海道？」諸如此類貼近我們生活的問題，其實經常出現在東大入學考試中。思考各種問題能夠幫助你整理自己的思緒，這正是東大人的做法。

🎯 這裡是關鍵！〔想出新問題〕

你可以想像自己將現有的線索排列組合後，切換到下一個問題。你的新問題可以是深入挖掘「最初為什麼會變這樣？」，或者比較「其他地方是什麼狀況？」像這樣反覆練習，你一定能夠找到問題的答案。好好思考不同的問題吧！

新問題
・B 與 C 為什麼吵架？
・D 為什麼每次都會問 B 和 C 的意見？
・A 清楚這個情況嗎？假如知道，他準備如何改善？

01 為什麼商標註冊會鬧上新聞？

這個案例是利用前一頁介紹的「新問題格式」探討「媒體」。

電視新聞報導的內容，往往都有一定程度的話題性，理由很簡單，因為報導沒人感興趣的事物就無法提升收視率。從這個角度來看，「為什麼這種事會上新聞？」的問題，就會衍生出新問題——

「為什麼這種事會受到這麼多人矚目？」那什麼樣的事物會受到矚目呢？——我們要像這樣逐步拆解問題。

如果問題牽涉到的人物、公司不只一個，分別拆解各自的立場和動機，也就不難拆解問題了，請各位務必試試。

問題	為什麼 A 君的商標註冊消息會變成新聞？

問題拆解 A	問題拆解 B	問題拆解 C
A君 →是把影片上傳網路的人，想紅？ →他說只要有人使用他註冊商標的商品，他就能收費	商標註冊 →申請商標註冊的人有商標權	A君申請商標註冊的東西，是B君著作的二次創作

新問題	・A君為什麼拿B君著作的二創作品去申請商標註冊？ ・A君申請商標註冊的用意是什麼？ ・註冊商標後有什麼作用？

答案	・B君的著作在網路上人氣很高，許多粉絲得知A君的行為後相當憤慨，所以在網路上引發討論

02 為什麼 YouTuber 要折磨自己？

接下來是將更貼近日常生活且引起廣泛討論的案例，套用「新問題格式」來進行思考練習。

我不知道本書的讀者之中有多少人會看 YouTube，目前 YouTube 在日本已經是影響力不亞於電視的媒體，主要使用族群是年輕世代。我在拆解問題時發現 YouTube 上經常把「奮不顧身」一詞當成「自虐」的意思使用[2]。就像這樣，這類通俗又與學業無關的事情，也能夠延伸出新問題。

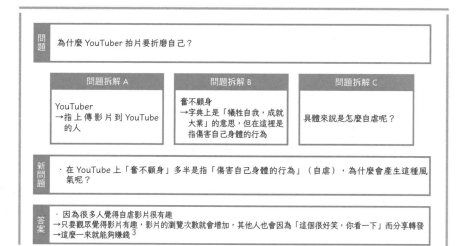

問題	為什麼 YouTuber 拍片要折磨自己？

問題拆解 A	問題拆解 B	問題拆解 C
YouTuber →指上傳影片到 YouTube 的人	奮不顧身 →字典上是「犧牲自我，成就大業」的意思，但在這裡是指傷害自己身體的行為	具體來說是怎麼自虐呢？

新問題	・在 YouTube 上「奮不顧身」多半是指「傷害自己身體的行為」（自虐），為什麼會產生這種風氣呢？

答案	・因為很多人覺得自虐影片很有趣 →只要觀眾覺得影片有趣，影片的瀏覽次數就會增加，其他人也會因為「這個好笑，你看一下」而分享轉發 →這麼一來就能夠賺錢[3]

03 為什麼某電玩遊戲會受到歡迎？

問題	這個 B 電玩遊戲為什麼會這麼受歡迎？

問題拆解 A	問題拆解 B	問題拆解 C
B 電玩是一個遊戲系列，過去也廣受全球玩家喜愛	「這麼」 →有多少？ →賣出超過 200 萬套	受歡迎 →電視廣告等經常看到 →與朋友聊天時經常提到

新問題	・受歡迎是什麼情況？ ・銷售超過 200 萬套的哪個部分令人感到「這麼受歡迎」？ ・B 電玩受歡迎是因為遊戲內容有趣？

答案	・B 電玩原本就是人氣系列，最新續集 B 賣得非常好 ・排行榜前面 14 名是銷售超過 200 萬套的電玩作品，這當中從 5 年前就熱賣的電玩只有 4 個 ・YouTube 上有許多電玩實況影片，而且現在仍然有很多實況影片每天上傳到網路上 ・因為 B 電玩很好玩

最後是將「新問題格式」套用在「電玩遊戲」上。

電玩遊戲的「人氣」究竟是指什麼？是單純的銷售數字？或者是受到老女老少不同年齡層的玩家喜愛？又或是買下該遊戲的人感到滿意？透過這種方式思考，就等於做到「問題拆解」，接下來只要把這些內容寫進模板歸納，就能夠找出新問題。

PART 2

分析力

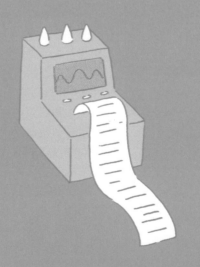

何謂分析力？

「分析」事物到底是什麼意思？分析這個詞通常當作「將複雜的事實、事情拆解成個別要素，使狀況明朗」的意思使用。分析的「析」字用於「透析、解析、析出」等詞彙，有「解開事物本質」的意思在。換句話說，假如 PART 1 的「理解」是從多方角度定義事物，那麼這裡的「分析」，就是把事物細分後再定義。

我們會遇到瓶頸，多半都是發生在無法靠自己的力量去分析卡住的事物時。針對原因自問自答，或是劃分事實與課題再思考，有時就能看見自己應該怎麼做。

再者，「分析」有無數多種使用方式，可幫助你改善個人的缺失，可引導出自己今後的行動目標，甚至可以想出成效過人的策略。

我從以前就暗自想著要出國留學，但直到不久之前，我都不曾仔細研究過需要的條件等。成為大學生之後，我才實際調查大學的留學制度，也因此得知許多必須事先知道的資訊，例如：測驗成績必須有幾分、報名條件、截止日期、面試的時間和地點、實際上有多少比例的學生成功去留學等。

像這樣「分析」細節之後，你才會知道自己接下來該怎麼做。我認為分析是最根本且核心的技能，只要養成「分析力」，也能夠應用在其他事物上。

提高分析力的思考模板

本章將介紹 3 種提高「分析力」的思考模板。

04 8 項提問清單

這裡整理出你在「行動前」應該採取的分析方法。

05 提升效率框架

在「行動中」提升自身行為的效率。

06 事實⇄課題格式

「完成後」分析自己的問題。

這 3 項都是在成就事物時不可或缺的思考模板，希望各位務必落實。

8 項提問清單

不知道失敗的原因？拆解細分就對了

你是否也有無論如何就是提不起勁、莫名低潮、想努力卻使不上力的時候？

這種時候就像是有東西堵住你的心，害你無法施力，你也不清楚出了什麼問題導致自己表現得如此差勁。

那麼，應該怎麼改善才好呢？缺乏動力勢必存在著某個原因，但你也不清楚原因究竟是什麼，在這種狀態下要談改善很困難吧？因此最重要的是做個健康檢查，找出是哪裡堵住，回答下列 8 個問題，替自己的精神狀態做個健檢吧！

主題	應徵企管顧問工作
8 項提問	**應做事項回答**
Why ●為什麼想做？	企管顧問的工作可以在不同領域累積經驗，所以我想走這一行
What ●打算做什麼？	研究企管顧問業界的情況、向校友打聽、針對案例擬定策略
When ●何時做？	大二的秋天～大三的秋天（企業的徵才活動結束時[4]）
Where ●在哪裡做？	業界研究、案例對策：大學、家裡　校友訪談：校友的職場
How ●怎麼做？	業界研究：閱讀網路報導和書籍　案例對策：購買案例書解題 校友訪談：請已經在進行中的朋友引介、積極參與活動
Who ●與誰一起做？	業界研究、案例對策：選拔團[5]的朋友 校友訪談：校友
Whose ●為了誰而做？	①為了自己（希望累積各種經驗、想要獲得足夠的收入） ②為了父母（希望回報他們過去在經濟上援助自己的恩情）
Which ●有其他選擇時，為什麼要選這個？	足夠的收入：公務員的自主權與收入相對較少。 廣泛的經驗：綜合貿易公司的氣氛很像學生時代的體育社團，跟我不合

4 日本企業一般是在大四的 6 月開始招募正職員工，但也有企業為了爭取到優秀人才，提早在大三的 4 月就會開始校內徵才。
5 日本企業內定制度衍生出的就業補習班。

使用方式

Step 1 ▸ 由上而下依序回答 8 個問題。

Step 2 ▸ 答不出來就去做調查,把這張表格填完。

（基本的思考模板）

這張出色的表格是我按照東大生的想法,參考商業指導顧問 Pablo 公司的表單改造而來,各位填完後就會湧現幹勁,產生挑戰新事物的念頭。從上到下依序回答,你對於自己的目標就會愈看愈清楚。請盡量按照順序回答。

我認為這張表格最棒的地方在於把自己該做的事情強行細分。想要靠自己從零開始思考該做哪些、何時去做、怎麼做並不容易,通常即使你以為自己已經拆解好了,仔細看過就會發現你沒有考慮到「何時去做」,也沒有確定「在哪裡做」。有這種毛病的人請務必試試這張清單。在你回答問題的過程中,就會半自動的拆解好任務,並看到自己接下來該做的事。

（進階思考）

重要的是答案要寫得明確且具體。不能只寫「明天做」,要寫「明天 8 點起做 10 頁這個」,要像這樣盡量寫出時間和分量。

最好是自己以外的其他人看過這張清單,也能看懂應該怎麼做,這麼一來當你缺乏幹勁時,回頭看看這張清單,就能看到「我應該做什麼」、「我為什麼需要做這個」等指標。

🎯 這裡是關鍵!〔**想一想 Why**〕

填寫這份清單時,最重要的是「為什麼想做?」。如果少了這個問題的答案,當你感到痛苦難受時,就會興起「我為什麼要做這些事?」的念頭,因而喪失動機與動力。養成問自己「我為什麼要做這件事?」的習慣吧!

Why	●為什麼想做?	企管顧問的工作可以在不同領域累積經驗,所以我想走這一行

01 計畫與朋友共組讀書會

這個案例是利用前一頁介紹的「8 項提問清單」，套用在與朋友共組讀書會的計畫上。

我想各位應該也有過一兩次這類經驗——臨時想到要辦讀書會，如果沒有事先說好要讀什麼科目，往往就會不了了之。為了避免發生這種情形，我們要利用這張清單把「為什麼想做？」、「什麼時間、在哪裡、做什麼？」等問題具體寫出來。

案例中寫到的「互相出題練習」這招十分有效；實際出題給對方作答，不僅對方能夠練習，對自己也有幫助，能夠因此徹底了解這項主題。所以，各位如果要辦讀書會，請務必挑戰與其他成員互相出題練習。

主題	與朋友共組讀書會的計畫
8 項提問	**應做事項回答**
Why ●為什麼想做？	為了準備期中考
What ●打算做什麼？	背世界史、寫數學題庫、背古文單字
When ●何時做？	下週末
Where ●在哪裡做？	附近的咖啡館
How ●怎麼做？	互相出題，或是預測出題內容寫題庫
Who ●與誰一起做？	朋友（一位）
Whose ●為了誰而做？	自己與朋友
Which ●有其他選擇時，為什麼要選這個？	想要一邊聊天一邊準備考試，所以不適合在圖書館進行，也希望在別人的目光注視下帶著緊張感念書，所以選擇咖啡館。

02 報名英語會話線上課程

接下來是利用「8項提問清單」分析報名英語會話線上課程這件事。

近年來流行的「線上課程」因上課時間不受限制,上課地點在家中或咖啡店都可以,十分自由,所以自己如何擬定上課計畫就顯得很重要。

為了避免「一時興起花錢報名課程卻總是沒空聽課,白白累積一大堆教材」的情況發生,我們需要自行整理出聽課的頻率、地點、目的等。

主題	報名英語會話線上課程
8項提問	應做事項回答
Why •為什麼想做?	3個月之後要去美國留學,希望在那之前培養基本的英語會話能力
What •打算做什麼?	每天上1～2次30分鐘課程
When •何時做?	4月起到7月出國為止,每天回到家之後(晚上10點左右)
Where •在哪裡做?	自己家裡
How •怎麼做?	在房間用電腦上課
Who •與誰一起做?	自己1人(＋講師)
Whose •為了誰而做?	自己
Which •有其他選擇時,為什麼要選這個?	費用比面對面的實體英語會話班便宜,而且即使很晚的時間也能上課

03 計畫送女朋友禮物

主題	送女朋友禮物的計畫
8項提問	應做事項回答
Why •為什麼想做?	為了慶祝交往1週年紀念
What •打算做什麼?	吃完晚餐後送上驚喜禮物
When •何時做?	紀念日(3月8日)
Where •在哪裡做?	餐廳
How •怎麼做?	先用餐聊天再送上禮物
Who •與誰一起做?	女朋友
Whose •為了誰而做?	女朋友
Which •有其他選擇時,為什麼要選這個?	因為她喜歡驚喜

使用「8項提問清單」的對象不是只有學業,像這個案例這種「送禮計畫」,利用「8項提問清單」進行也很有效率。

既然是「送禮」,只要把自己的祝福心意傳達給對方知道就算成功,不過我也推薦「想要趁此難得的機會,以更誇張的方式讓心儀對象更開心」的人利用這個清單。

提升效率框架
利用小小巧思把你的1小時變成2小時

你付出1個小時的努力，真的用了整整1個小時嗎？

東摸西摸工作也是1小時，專心提升進度也是1小時。重點是要提升努力的品質，努力得更有效率，而不是增加努力的量。

東大生不只在意讀書時間的長短，通常也很重視思考「怎麼讀？」、「這段念書時間有沒有浪費？」的時間。我在準備考試時除了念書之外，也會花時間檢討和擬定讀書計畫。

這個「提升效率框架」是利用妥善擬定計畫、檢討計畫，將效率提升到最高。

日期	做什麼？	目的與通關標準是？	完成了嗎？	效率？
6/18	TARGET 1900 背 Sec7、8、9	確認過幾次之後寫紅卷，答對90%過關	Sec7、8很專心，9就分心了	△
6/20	日本史筆記整理	用自己的方式整理課本P120～136的內容	還要應付其他科目，沒能達成目標	△
6/21	現代文寫考古題	在時限之內完成並對答案，用自己的方式分析答案	寫題目很專心，仔細看過解題說明，分析答錯的原因	◎
6/22	生物基礎看影片學習	觀賞影片後，做完確認測驗，也挑戰題庫	看完影片寫測驗題，這種搭配有助於學習	○
6/23	Chat IIB 做模擬試題	挑戰P210～223的例題，掌握解題技巧	不會寫的題目很多，差點就要放棄，但達成目標	△

使用方式

Step **1** ▸ 決定待辦事項及進行日期。

Step **2** ▸ 想想進行的目的，寫下通關的標準。

Step **3** ▸ 做完後檢討，寫下完成與未完成的事。

Step **4** ▸ 延續 Step 3，利用◎、○、△、×4 階段，替自己的做事效率打分數。

（基本的思考模板）

　　工作 6 小時只完成 3 小時的工作量，這種情況很常見，可是多數場合我們都會對做完的部分感到滿意，心想：「我工作了 6 小時呢！」只要使用這裡介紹的思考模板，哪件事情究竟花了多少時間，都能夠一目了然。

　　而且最重要的是 Step 2 的「通關目標」。以寫題庫為例，寫題庫的目的不是要把題庫寫完，而是要學會如何破解這類數學題，或是避免下次再出錯，或者只是單純的想要習慣解題等，你之所以寫題庫，應該是為了達成以上眾多目的的其中一個，此時絕不能做的就是「毫無目的的努力」。設定好明確的通關目標，才能夠防止走偏努力的方向。

（進階思考）

　　只要在目標時限內達成目標，或是完成更多的目標，得到的成果會比付出的時間更多，1 小時就能完成 2 小時或 3 小時的分量，請努力試一試。

✍ 這裡是關鍵！〔**決定目標**〕

　　回顧檢討時，我認為最好有一個能夠百分百確定「這已經完成了，所以沒問題」的「通關」指標。請挑選能夠具體知道過關的指標，例如：「一看到題目，解法就已經浮現在腦海中」，不用思考如何解題。這樣做也能夠提升自己的動力。

目的與通關標準是？
確認過幾次之後寫紅卷，答對 90％過關

01 為小考做準備

　　這個案例是利用前一頁介紹的「提升效率框架」，告訴你怎麼準備收假後的小考。

　　即使同樣用功 1 小時，每個人能夠讀完的分量也大不相同。以我來說，我很擅長數學，計算速度尤其快，所以題庫中計算類的單元，我 1 個小時就可以完成不少頁，但是遇到我不擅長的英文時，即使花上 2、3 個小時，也沒能完成多少進度。

　　我認為每個人就像這樣，有各自的讀書速度，最重要的是你必須掌握自己在多少時間內能夠完成多少課業內容。

　　最終理想是進行這個思考模板時，在相同時間之內盡可能寫完更多題。設定每天的時限時，就以這為目標吧！

日期	做什麼？	目的與通關標準是？	完成了嗎？	效率？
5/7	寫「積分的加法、減法、乘法運算」的練習題與延伸練習題	為了準備小考，沒弄錯題目的意思	延伸練習題因為計算錯誤答錯 1 題	△
5/8	寫「因數分解」的練習題與延伸練習題	這部分我不拿手，所以需要先習慣題目。看過就知道怎麼解題了	花很多時間寫，所以延伸練習題沒有計算錯誤，進度完成！	○
5/9	不看解題方式，做完題庫 P36 為止的例題	不看底下的解題方式說明，只要能夠全部寫對就過關！目標滿分！	昨天、前天已經確實複習過課堂上學到的內容，所以解題很輕鬆	◎

02 提升應做工作的效率

這個「提升效率框架」當然也可以用在工作上，甚至應該說用在工作上的效果更好。

這個案例還有「雜務」，比起讀書，工作有更多瑣碎、不好整理的業務內容。工作愈多，也就需要安排更多的時間管理每項工作，力求在上班時間內完成的任務。善用這個思考模板，緊盯每項任務的時間效率，就能夠確保工作圓滿達成。

日期	做什麼？	目的與通關標準是？	完成了嗎？	效率？
3/10 9-10	與 C 公司開會	自己要在這場會議上發表，所以希望提早 10 分鐘左右結束	目標是 10 分鐘，但提早到 5 分鐘就做完了	○
3/10 11-12	在中午之前回覆收到的電子郵件	全部回覆完畢就算過關	很多案子需要上司確認，因此花了很多時間回信	△
3/10 13-14	檢查履歷表	盡量用最少的時間完成	很多人犯下忘記貼照片等單純的失誤，1 個小時半就結束	◎
3/10 14-17	雜務（打掃辦公室、整理紙箱、打開送來的貨品放進倉庫）	希望其他員工會覺得辦公室很乾淨	送來的貨品比原本安排好的更多，還要整理紙箱，所以花了不少時間	△

03 提高找工作應做事項的效率

日期	做什麼？	目的與通關標準是？	完成了嗎？	效率？
6/3	研究 A 企業	能夠說明 A 企業的事業內容	企業的官方網站上的資訊很多，花了不少時間整理	△
6/4	填寫 B 公司的求職申請書	先大致上寫完，再請人過目並提供意見	事前做過企業研究，所以很快就能夠把想法化為文字。比預設時間還早結束	◎
6/5	寫履歷表	填完所有資料	順利進行，沒有疏漏，準時在預設時間內結束	○
6/6	準備 C 公司的面試	事先想好可能問到的問題，練到能夠流暢回答不卡住	問題太多，花了不少時間，不過有準備到自己可以接受的程度	○
6/8	D 公司、E 公司的求職申請書	遞交求職申請書完成應徵	遇到沒有準備到的問題，雖然花了些時間，仍然準時在期限內遞交	△

接下來是把「提升效率框架」套用在找工作上。找工作囊括了研究企業、寫履歷表和求職申請書、準備面試等各式各樣的任務，將這些細項拆開來一一檢視達成的效率很重要。

每項任務如何進行才能夠縮短完成時間或完美達成呢？經常思考「效率」，在有限時間內盡可能完成最多工作吧！

事實⇄課題格式

分成事實與課題再進行整理

各位有煩惱時，會用什麼方式思考原因？我們以「小考表現不佳」的煩惱為例，你認為原因是什麼？我想這種時候多數人都會認為是「準備的時間不夠」、「題目太難」等，然而追究這些原因其實沒有意義。

因為大家把「事實」與「課題」混在一起了。煩惱無法解決多半都是因為人們把「事實」和「課題」混為一談。因為並非準備的時間不夠，小考的分數就會低；不夠是事實，與課題是兩回事，我們必須明確分出「事實」與「課題」再思考，因此我提出這個「事實⇄課題格式」的思考模板。

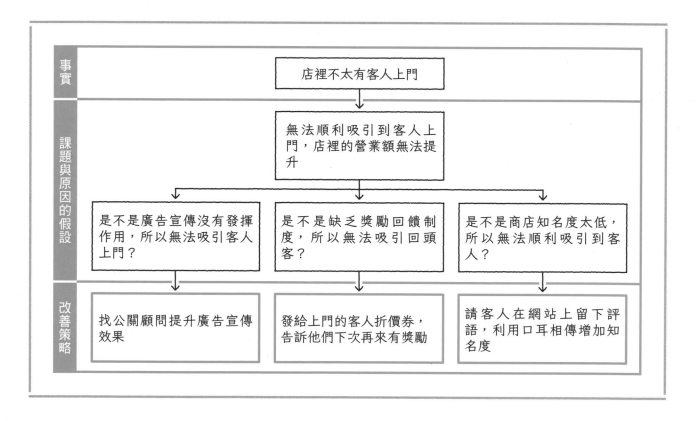

事實	店裡不太有客人上門

課題與原因的假設

無法順利吸引到客人上門，店裡的營業額無法提升

是不是廣告宣傳沒有發揮作用，所以無法吸引客人上門？

是不是缺乏獎勵回饋制度，所以無法吸引回頭客？

是不是商店知名度太低，所以無法順利吸引到客人？

改善策略

找公關顧問提升廣告宣傳效果

發給上門的客人折價券，告訴他們下次再來有獎勵

請客人在網站上留下評語，利用口耳相傳增加知名度

使用方式

Step <u>1</u> ▸ 寫下事實。只寫有客觀數據資料證明的事實。

Step <u>2</u> ▸ 寫下課題。進一步與問題連結，寫下如何解決才好的課題。

Step <u>3</u> ▸ 寫下原因。寫下從課題可以想到的原因、非做不可的事。

Step <u>4</u> ▸ 寫下改善策略。

PART
2

分析力

（基本的思考模板）

「事實」只是事實，是不與問題直接有關聯的客觀數據資料，是任何人看到都會認同的關鍵。

「課題」則是從事實邁出一步，與問題直接相關，解決課題就能夠解決問題。後者可以主觀、可以「我這樣想所以這樣做」，只不過缺乏事實基礎的課題，無法成為課題。

「原因」是為了解決課題、為了想出必要事物而寫下的、必須解決的具體例子。大多數場合「原因」不只1個，想出3個原因，解決的速度會更快。

「改善策略」是接下來應該做什麼的具體「行動」，也就是要想一想實際上應該怎麼做。

換句話說，只要思考這4點，就能夠解決煩惱。

（進階思考）

光靠「改善策略」有時無法轉化成具體的行動，這種時候可利用 PART 3〈整理力〉介紹的思考模板，把行動拆解成細項。有時搭配其他思考模板一起使用，效果會更好。

🎯 這裡是關鍵！〔**區分事實與課題**〕

請認清事實與課題是不同的兩件事。「事實」是客觀的、人人同意的。以事實為基礎寫出自己的想法，就是「課題」。「事實」不可以按照自己的想法扭曲，相反的，「課題」反而必須是自己的意見。掌握好事實與課題分別代表什麼意義，就能夠區分兩者。

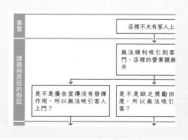

01 讀書不專心

　　這個案例是利用前一頁介紹的「事實⇄課題格式」思考如何提升讀書的專注力。

　　我相信「無法專心讀書」是很多人共同的煩惱，我自己坐在書桌前也經常無法開始用功，總是一不小心就浪費掉時間。

　　突然問你「怎麼解決讀書無法專心」的事實，你也很難立刻就想到解決方法，因為你還沒搞清楚事情發生的原因。

　　了解事實與課題之後，你應該就能夠看到改善策略。讀書無法專心的原因很多，可能是不自覺就滑手機、逃避討厭的科目、不知道自己讀書的目的，諸如此類，我們需要先分析出原因。

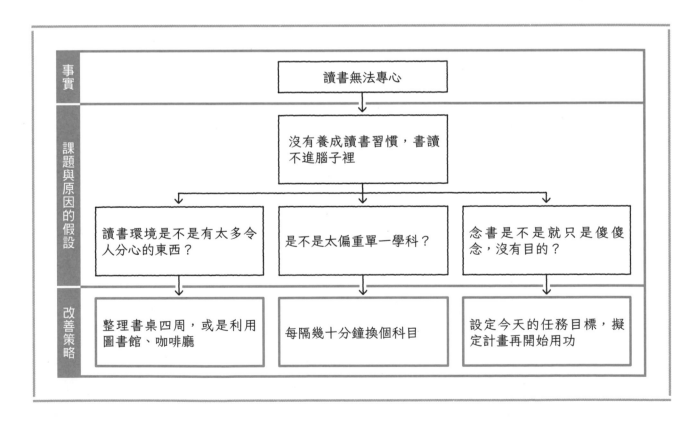

02 期末考的數學成績很低

這個案例的「事實」是最具體明瞭的事實。

數學考 32 分是必須注意的情況，原因真的可以用一句「不曉得怎麼念書」帶過嗎？

念得不好當然是事實，但是應該要怎麼解決，卻看不到答案。因此，參考這個案例的做法，深入探討電玩遊戲、才藝等，想出更具體、更有可能實踐的「改善策略」吧！

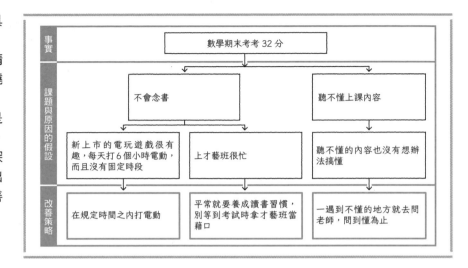

事實	數學期末考考 32 分		
課題與原因的假設	不會念書		聽不懂上課內容
	新上市的電玩遊戲很有趣，每天打 6 個小時電動，而且沒有固定時段	上才藝班很忙	聽不懂的內容也沒有想辦法搞懂
改善策略	在規定時間之內打電動	平常就要養成讀書習慣，別等到考試時拿才藝班當藉口	一遇到不懂的地方就去問老師，問到懂為止

03 棒球社參加地區大賽第一場就淘汰

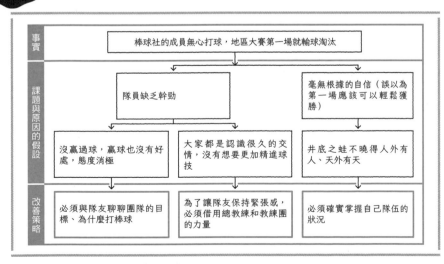

事實	棒球社的成員無心打球，地區大賽第一場就輸球淘汰		
課題與原因的假設	隊員缺乏幹勁		毫無根據的自信（誤以為第一場應該可以輕鬆獲勝）
	沒贏過球，贏球也沒有好處，態度消極	大家都是認識很久的交情，沒有想要更加精進球技	井底之蛙不曉得人外有人、天外有天
改善策略	必須與隊友聊聊團隊的目標、為什麼打棒球	為了讓隊友保持緊張感，必須借用總教練和教練團的力量	必須確實掌握自己隊伍的狀況

我一直都是棒球社的成員，所以我認為棒球也可以套用這種思考模板。

體育活動的勝敗，不光是與個人、隊伍的實力有關，也受到現場氣氛和運氣的影響，因此輸球的原因多半都不只是能力不足。

這裡預設的理由純粹是「練習不足」，假設沒有其他需要改善的地方。就像這樣，從多方面的角度掌握事實和課題，才能夠改善現況。

PART 3
整理力

何謂整理力？

　　「整理」到底是什麼意思？「整理」這個詞經常當作「使混亂的事物回歸秩序」的意思使用。如果把這個詞拆開來看，就是「整頓收拾道理」，也就不難理解為什麼這樣用了。

　　另外，「整理」也有「去除不需要的東西」的意思。想像成在打掃房間，就不難了解；打掃房間時，各位第一步做的是什麼？做法或許因人而異，不過如果時間充裕的話，你應該會先把房裡的所有物品集中在一處，再分出需要與不需要的東西吧？接下來就是從需要的物品中，根據物品的使用頻率，思考適合擺放的位置。

具體來說，每天常用的面紙、鋼珠筆等，會擺在自己的座位附近；有需要但使用頻率不高的工具，如：螺絲起子、電池等，就會收進抽屜裡。我相信很多人都是這樣整理。

何不把整理房間時，自然就會採用的方法，套用在學業或工作上呢？待辦事項忙不完的人也可以透過這種方式，分類出「必須做」與「非必須做」的事，或是將必須做的事情排出優先順序，逐步整理，也順便整理了自己紊亂的腦袋。

提高整理力的思考模板

因此本章將介紹 4 個幫助你完成整理、付諸行動的思考模板。

07 計畫立案清單

拆解事物，擬定個人計畫。

08 截止期限設定表

替自己該做的事情設定確切的截止時間，給自己壓力。

09 甘特圖框架

用於確實執行計畫。

10 狀況整理清單

用來整理狀況，客觀檢視自己。

我已經說過許多遍，只要擁有經過整理、拆解計畫，多數人都能夠付諸實踐。反言之，為了付諸實踐，首先必須做的就是整理。假如你不知道如何安排非做不可的事情，請務必試試本章的方法。

計畫立案清單
決定「做什麼」的時候不容妥協

整理自己的應做事項不容易；即使課題與目標明確，要思考「具體來說應該怎麼做」還是相當困難，我相信只要曉得怎麼思考，就不會覺得頭大了。

遇到這種情況時，東大生是如何擬定計畫的呢？方法就是本書一貫的主張，基本原則就是「拆解」。安排「英文」或「工作」計畫很難，但只要拆解成「英文單字」、「英文文法」、「電子郵件回信」、「製作簡報」，自己就曉得該怎麼做了。我按照這種想法設計出來的思考模板就是「計畫立案清單」。大家一邊參考範例，一邊想想如何拆解、擬定計畫吧！

主題拆解	現況	採取的行動	1個月的待辦清單	達成率
現代文	沒有特別做什麼，只有複習模擬考題	不太會掌握文章的主旨。總之遇到現代文就找出摘要，掌握文章結構	做完《○○參考書》的P1～P50	50%
古文	背古文單字。大致上可以掌握方向，但遇到《源氏物語》就完蛋	利用漫畫等大致了解1遍《源氏物語》的內容	讀完《○○源氏物語》	100%
英文長篇閱讀測驗	寫題庫。有時會搞不清楚全篇的語意	利用「語意連接詞」練習英文長篇閱讀測驗	閱讀「語意連接詞」的書，題庫做到P70	60%
英聽	只有複習模擬試題，偶而聽英文廣播節目	聽英文廣播節目時，加上「跟讀」	每天聽10分鐘廣播	15%
數學向量	做完1遍題庫。解題方式還沒有記住，在模擬考等實踐場合不會寫	做過1遍的題庫再多做幾遍，記住解題模式	題庫做完第2遍	90%

使用方式	**Step 1** ▶	決定自己要面對的主題，拆解該主題的要素。此時要把花時間的內容、優先順序高的內容放在最上面，其他的放在下面。
	Step 2 ▶	寫下目前的狀態。寫下擅長與不擅長的內容、到哪裡結束。找到做不到的關鍵，就進行下 1 個步驟。
	Step 3 ▶	延續 Step 2，整理出今後必須採取的具體行動是什麼。有些抽象也沒關係。
	Step 4 ▶	延續 Step 3，想想在這 1 個月之內具體該做的是什麼。整理出待辦清單，明天起開始執行。
	Step 5 ▶	1 個月之後檢查 Step 4 完成多少。

〔基本的思考模板〕

拆解後，找出做不到的關鍵，擬定具體做法並起身實踐。也可以改為 1 週之後驗收而不是 1 個月之後，列出最能夠說服自己動起來的待辦清單，從做不到的關鍵逆推執行，你一定能夠成功面對自己該做的事情，順利擬定計畫。

也要一併檢查計畫達成了多少，用數字表示達成率，檢討你對於這個計畫的接納程度，更能夠發揮這個表格的真正價值。

〔進階思考〕

除了優先順序之外，分成擅長與不擅長，或許也不錯；多數場合擅長的事情都會比較快完成，而棘手的事情往往會拖拖拉拉。你也可以與不擅長的事情正面對決，把最不擅長的項目寫在最上面，從征服它的計畫開始寫起。

🎯 這裡是關鍵！〔決定期限並檢查完成的進度〕

一定要設定期限，並寫下達成的程度。少了期限，人就會怠惰；好不容易拆解要面對的主題也擬定計畫了，沒有達成就沒有意義。所以請務必要養成習慣，事後回頭檢討。

這張表格設定的檢查期限是 1 個月之後，你也可以配合自己的需求變更。

1 個月的待辦清單	達成率
▶ 做完《○○參考書》的 P1～P50	50%
▶ 讀完《○○源氏物語》	100%

01 擬定英文讀書計畫

　　這個案例是把前一頁介紹的「計畫立案清單」套用在英文學習上。「英文學習」包括各種不同的內容，近年來經常聽到「英文 4 大技能」的說法，但基本上還是「聽、說、讀、寫」這 4 項，而且升學考試的英文科目還特別將「讀、寫」細分成好幾個單元。

　　這裡的重點是底下思考模板中「採取的行動」這項，必須盡可能把每個單元與學習內容分別具體寫出來。

　　待辦清單不能只寫「背單字」、「精進文法」等模稜兩可的目標，要寫出使用什麼教材、進行的頻率是多頻繁，這樣一來一定能夠具體實踐。

主題拆解	現況	採取的行動	1 個月的待辦清單	達成率
摘要、整理順序	做考古題	為了練習速讀，拿手邊的文章練習摘要	每天做速讀練習	60 %
自訂英文作文題目	寫題庫	希望開口朗讀寫過的題目	每次朗讀並複習寫過的題目	80 %
英聽	播放英聽教材當背景音	不只當背景音，也想寫練習題	挑戰當背景音與寫練習題	100 %
英文文法、翻譯	寫考古題	意譯的能力不足，所以想要利用其他教材學習	使用英翻中的教材練習意譯	30 %
綜合閱讀測驗	寫長篇文章閱讀測驗	閱讀速度很慢，所以希望每天寫題目時也要背單字	每天背單字與速讀練習	50 %

02 擬定找工作應做事項的計畫

接下來我們把「計畫立案清單」套用在就業活動上。

就業活動最重要的就是決定1個月期限的待辦清單，因為求職申請書等的遞交與面試申請截止日等都有確切的期限。多數人都希望通過面試獲得錄用，因此為了避免時間因素影響，接下來的1個月要做什麼必須經常更新，即使計畫已經擬定，但時間一久也有可能狀況不同。

主題		求職		
主題拆解	現況	採取的行動	1個月的待辦清單	達成率
自我分析	寫出過去的經驗	把過去經驗學到的事物寫成文字	完成自我分析	80%
業界研究	瀏覽有興趣的企業網站	瀏覽有興趣的企業網站	完成A業界的研究	100%
完成求職申請書	寫「自我介紹」與「學生時代努力過的事」這兩項	請人看過並提供意見	給4個人看過	50%
應徵工作	調查應徵期限，準備問題的答案	列出優先順序應徵	應徵A～J這10家公司	60%
面試準備	觀看面試對策影片	模擬面試	找大學的職涯發展中心協助模擬面試	50%

03 提升鄉鎮排球隊的表現

主題拆解	現況	採取的行動	1個月的待辦清單	達成率
練體力	有時間的時候，慢跑約1小時	決定時間與頻率目標後，養成慢跑習慣	目標是一次最少30分鐘，每週3次，持續慢跑	80%
伸展運動	睡前約5分鐘，伸展髖關節	不只髖關節，伸展全身	每天睡前做全身伸展運動	100%
肌力訓練	慢跑完做30次腹肌運動	已經習慣了，所以增加腹肌運動的次數	慢跑日做50次腹肌運動	60%
托球練習	想做時練習排球托球	定期做托球練習，養成習慣	非慢跑日做30分鐘的托球練習	90%
參加比賽	1個月參加1次比賽	每隔1週參加1次比賽	至少要在兩場比賽中登場	100%

最後是利用「計畫立案清單」提升運動表現。

業餘的鄉鎮排球隊與高中生、大學生的社團活動不同，沒有每天激烈的練習，隊員各自都要上班、做家事、帶小孩等，只是利用空閒時間享受運動樂趣，因此這張清單的待辦事項必須寫上可實際執行的訓練菜單，拆解後想想在有限的時間之內可以做些什麼吧！

截止期限設定表
沒有截止期限就必須自己設定

人類這種生物一旦少了時間限制，就會無止盡的拖延怠惰。只要是「趁著空檔完成就好」的工作，就會拖延超過 1 週以上的經驗，我相信各位應該也有過 1、2 次吧？

為了避免這種情形發生，必須設定適宜的截止期限，不管是 1 週或 2 個月之後都沒關係，我們需要的是能夠確實在期限之前完成。

然而，我們往往很難設定恰到好處的期限，因此這裡將介紹能夠訂出恰當期限的「截止期限設定表」。

擬定目標之後，想想為了實現目標應該做的事，同時也要自行設定可達成的期限。

項目	目標	目標的拆解細項	決定應做事項	截止日
古典文學	最高：80 分 最低：70 分	基本詞彙與文法不能錯，白話文的翻譯題要答對	平常檢查古文單字本之外，課堂上學到的文法要確實搞懂，搭配參考書和題庫，提高實力	9/26
英語表現	最高：70 分 最低：60 分	「比較」是最弱的部分，所以會寫的題目不能出錯，多 1 分也好，盡量多得分	掌握考試範圍的文法，朗讀並記住隔壁頁的範例	9/26
日本史	最高：90 分 最低：80 分	別粗心大意，要超越上次沒考到的 90 分	利用筆記歸納整理課本的內容，在空檔時間用自己的話自問自答	9/27
健康體育	最高：80 分 最低：70 分	靠記憶力的科目很花時間，所以需要一點一滴累積，拿到目標分數	背好課堂中拿到的講義，澈底搞懂課本中的圖表	9/27

使用方式

Step 1 ▸ 首先設定項目與明確的目標。

Step 2 ▸ 想出達成目標所需的要素並拆解成細項。

Step 3 ▸ 拆解後，決定應做事項。

Step 4 ▸ 一一訂出應做事項的期限。

(基本的思考模板)

必須要有的步驟是「拆解」。想著「我小考要拿高分」的人，很少能夠真正拿到高分，但當你一一定出目標——「總而言之，只要讀完機率範圍的內容，以及某某場合的數字問題，再做完自我評量考卷，應該就能夠拿高分」，大抵來說就能夠理解自己需要努力的方向，也就有機會達成目標。而且把項目拆解細分到這個程度，就一定能夠設定期限。

工作上也是一樣，假設有人對你說：「這次的簡報就拜託你準備了。」就算自己知道大致上的期限，也很難有動力，往往會拖拖拉拉直到上臺報告的前一天才臨時抱佛腳。如果你能夠把這項任務拆解成「為了完成這次的簡報，首先我要準備簡報資料，把資料發給設計師，確認當天的出席者」，就能夠設定「簡報資料要在這天之前完成，最晚是這天要發給設計師」等確切的期限。

(進階思考)

設定兩個期限，將會更容易起身採取行動。最慢在這個時間之前要完成這件事、最好要在這個時間之前完成這件事——像這樣安排好期限，付出就有可能得到好結果。

🎯 這裡是關鍵！〔 澈底拆解後思考 〕

我們來好好想一想要怎麼拆解。粗枝大葉的人拆解的項目或許不多，但跳過拆解步驟，可能會落入「慘了，這項任務雖然沒寫上但也非做不可」的窘境。我認為不管任何類型的人，都要把目標拆解成細項，並且一一仔細檢查，別看漏了。

目標的拆解細項
基本詞彙與文法不能錯，白話文的翻譯題要答對

PART
3

整理力

01 簡報的準備方式

這個案例是把前面介紹的「截止期限設定表」套用在簡報準備上。案例的設定表與前一頁不同，是把單一目標拆解成細項後，設定應做事項與截止期限。

進行簡報時，除了當天發表實際需要的時間之外，準備的過程還會耗費許多看不見的時間。我相信各位也有過這種經驗——只在月曆上寫「發表簡報」，導致工作排程一團亂，沒時間準備最重要的發表內容，最後在準備不充分的情況下上場。

為了預防這種情形發生，在朝著目標前進這一路上，你必須訂出中間查驗點，設定每次的截止期限，這點非常重要。想要獲得更好的結果，請盡量設置中間查驗點。

項目	目標	目標的拆解細項	決定應做事項	截止日
4 月 15 日的簡報	向 H 公司傳達 A 商品的魅力	製作簡報資料①	・收集 A 商品的資訊 ・請教 N 上司	4/3
		└ 製作簡報資料②	・①做 PowerPoint	4/4 ～ 4/6
		└ 確認簡報資料	・完成的簡報資料請 N 上司過目，修改需要修改的地方	4/8
		└ 發包設計	・把簡報設計交給 K，並將 K 的交稿日訂在 4/12 ～ 4/13	4/8
		└ 共享簡報	・委託 K 做好的簡報發給 N 上司和 F 同事過目	4/12 ～ 4/13
		└ 當天準備	・預演給 N 上司與 F 同事聽，請他們提供意見	4/14

02 公務員考試的準備方式

接下來是把「截止期限設定表」套用在公務員考試上。

最終目標當然是「通過公務員考試」，但在此之前有許多事情必須做完，包括「筆試滿分對策」、「作文練習」等。這些細項目標必須盡量具體，並分別設定達成期限。

幾項任務同時並行時，可以像案例的情況一樣，設定相同的截止日期。這種時候最好事先排定優先順序。

項目	目標	目標的拆解細項	決定應做事項	截止日
公務人員考試	報考日本公務人員考試	筆試練習	・寫題庫（數學、判斷推理、文章理解）	7月底
			└考古題	9月中旬
		常識題	・記住各種知識（經濟、法律等知識）	9月20日
		作文練習	・吸收（閱讀白皮書）	9月底
			└寫考古題	9月底

03 拿到第一志願公司內定的應做事項

項目	目標	目標的拆解細項	決定應做事項	截止日
希望進入A公司	拿到A公司的內定名額	求職申請書	・填寫 ・請人修改	3/10
		網路測驗	・準備綜合適性測驗	3/25
		小組面試	・記住規則並練習	4/3
		面試①	・檢查自己是否能夠完整交代求職動機，寫模擬問答題	4/14
		面試②	・檢查自己是否能夠完整交代求職動機，寫模擬問答題	4/24
		最終面試	・從全方位角度表達對A公司的想法	6/1

最後是把「截止期限設定表」套用在就業活動上。

這裡也與其他案例一樣，有遞交求職申請書的截止日期、最後一關面試日期等，某種程度上已經固定的日程，所以其他基本上都是由自己設定期限。

這裡最重要的是，設定期限時不要太為難自己；自己設定的期限卻無法完成，可就本末倒置了。想想自己哪段時期可以空出多少時間，設定可實際達成的期限吧！

甘特圖框架

「堅持就是力量」——打造能夠堅持到底的制度

「每天做一點」對於人類這種生物來說很困難，多數人遇到需要每天前進一點或必須持久進行的場合，往往都會失敗。

以暑假在家做廣播健身操為例，剛開始還可以每天做，愈到後面就愈偷懶，中途就會放棄。又或者是想要培養慢跑習慣，起先還可以天天跑，但很容易一暴十寒。會發生這些狀況，都是因為我們不清楚「自己與目標之間距離有多遠」；每天持續在做，照理說應該多少有些成長，但我們自己卻看不見，所以才會感到不安或失去動力，我相信一定有很多人也有同感。

因此，我們需要這裡介紹的甘特圖框架。

主題				暑假作業，9/1 之前完成					截止日
英文課本瀏覽一遍（90頁）									8/10
每等分	9P	18P	27P	36P	45P	54P	63P	72	81P	90P
各等分的期限	8/1	8/3	8/5	8/7	8/7	8/7	8/7	8/10	8/10	8/10
英文單字背200個單字									8/31
每等分	20	40	60	80	100	120	140	160	180	200
各等分的期限	8/3	8/3	8/5	8/11	8/11	8/19	8/21	8/25	8/27	8/31
數學作業簿120頁									8/31
每等分	12P	24P	36P	48P	60P	72P	84P	96P	108P	120P
各等分的期限	8/20	8/21	8/22	8/23	8/24	8/25	8/26	8/27	8/28	8/29
日本史題庫90頁									8/31
每等分	9P	18P	27P	36P	45P	54P	63P	72P	81P	90P
各等分的期限	8/8	8/9	8/10	8/25	8/26	8/27	8/28	8/29	8/30	8/31
寫新聞的調查學習									8/31
每等分各等分的期限	到這裡結束！→收集資料 8/10				採訪				寫新聞

使用方式

Step 1 ▸ 決定應做事項與期限。
（覺得困難就合併 48 頁的「截止期限設定表」一起使用。）

Step 2 ▸ 把應做事項以數字標示成「○頁的量」、「○小時的量」等。

Step 3 ▸ 把這些數字分割成 10 等分。

Step 4 ▸ 逐步完成每 1 等分，每 1 等分也要設定截止期限。
（例如：「10 天完成 30 頁，所以以每天進行 3 頁」等。）

Step 5 ▸ 在期限之前結束，做完就塗滿，將完成的部分標示出來。

(基本的思考模板)

　　這個思考思考模板是把長期目標變成每日目標，一點一滴逐步前進，轉化成眼睛看得到、視覺上能夠理解的圖表，所以可幫助我們持續努力，不喪失動力，即使現實生活中看不到終點，透過圖表也能知道「現在還剩一半左右就結束了」。

　　此外，改以數字呈現也能具體看到自己應該做什麼，不管是頁數、時間、題目分量或個數，有具體的數字更方便人類理解，就像「幾座東京巨蛋大」的形容方式，有數字更容易想像。利用這種方式決定每天的進度，就不會覺得每天持續很痛苦了。

(進階思考)

　　比每天設定的期限更早做完，逐步提前計畫吧！這麼一來不但能夠趕上期限，也能夠提升動力，使人想要努力快點完成。

🎯 這裡是關鍵！〔**逐步前進**〕

　　每天留下的瑣碎紀錄，即使只是前進一小步，也是往前，能夠帶來動力。逐步填滿表格的空格，也有一種遊戲的樂趣在。此外，前進的同時也要定期反省檢討各項任務的進度是否偏離目標。

英文課本瀏覽一遍（90 頁）							
每等分	9P	18P	27P	36P	45P	54P	63P
各等分的期限	8/1	8/3	8/5	8/7	8/7	8/7	8/7

01 寫考古題準備大考

　　這個案例是利用前一頁介紹的「甘特圖框架」，安排準備考試寫考古題的進度。

　　首先，第一眼看到這個思考模板時，你有什麼想法？你不覺得哪一科的考古題進展順利、哪一科進度太慢，全部一目了然嗎？

　　無論任何計畫表都是如此，利用這樣的表格念書時，是否容易看懂很重要，不然特地擬定了計畫，卻無法理解計畫的意義，可就本末倒置了。

　　此外，一眼就能看出進度，也有助於提升個人動力。就就業業最辛苦的地方，往往在於不易看見努力的成果。利用這個思考模板「看到」自己每天的努力，提升堅持到底的幹勁吧！

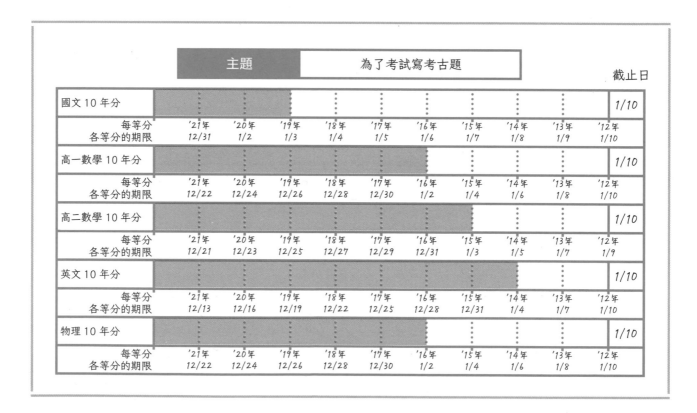

主題	為了考試寫考古題									截止日
國文 10 年分										1/10
每等分 各等分的期限	'21年 12/31	'20年 1/2	'19年 1/3	'18年 1/4	'17年 1/5	'16年 1/6	'15年 1/7	'14年 1/8	'13年 1/9	'12年 1/10
高一數學 10 年分										1/10
每等分 各等分的期限	'21年 12/22	'20年 12/24	'19年 12/26	'18年 12/28	'17年 12/30	'16年 1/2	'15年 1/4	'14年 1/6	'13年 1/8	'12年 1/10
高二數學 10 年分										1/10
每等分 各等分的期限	'21年 12/21	'20年 12/23	'19年 12/25	'18年 12/27	'17年 12/29	'16年 12/31	'15年 1/3	'14年 1/5	'13年 1/7	'12年 1/9
英文 10 年分										1/10
每等分 各等分的期限	'21年 12/13	'20年 12/16	'19年 12/19	'18年 12/22	'17年 12/25	'16年 12/28	'15年 12/31	'14年 1/4	'13年 1/7	'12年 1/10
物理 10 年分										1/10
每等分 各等分的期限	'21年 12/22	'20年 12/24	'19年 12/26	'18年 12/28	'17年 12/30	'16年 1/2	'15年 1/4	'14年 1/6	'13年 1/8	'12年 1/10

02 馬拉松比賽的訓練

接下來我們把這個「甘特圖框架」套用在運動訓練上。

鍛鍊身體的訓練也很講究持續，尤其是體力和耐力，只要一偷懶立刻就會下滑。我在棒球社的時候，也深刻體認到持續訓練的重要性。

為了更容易實踐這個思考模板，最好先列出具體要做的事項並拆解細分，把準備跑幾公里、做幾次肌力訓練等都寫成數字。

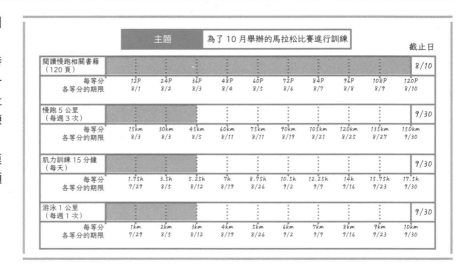

03 出書的進度

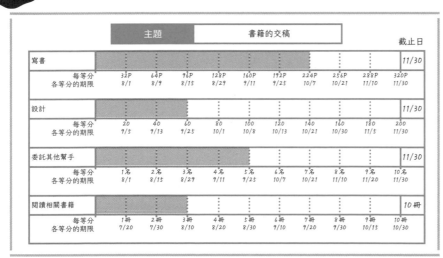

最後是令我非常痛苦的書稿交稿，這也可以套用「甘特圖框架」。

幾萬字的書稿要在幾個月之後交出，我想一般人對於應該怎麼安排計畫感到很迷惘，遇到這種情況，可參考這個案例的做法，把書稿拆解成幾個等分，分別設定階段性的交稿日期，再利用圖表呈現，進度也就一目了然。

狀況整理清單
認清自己的強項與弱項也是成長的關鍵

各位聽過「SWOT 分析」嗎？這是企業管理上經常用到的分析方式。「SWOT」的字母分別代表優勢（Strengths）、劣勢（Weaknesses）、機會（Opportunities）、威脅（Threats）這 4 個項目。

這裡介紹的「狀況整理清單」，就是將「SWOT 分析」改成東大生的方式。每個人一定都有強項與弱項，自己所處的環境應該也有好的一面與壞的一面，這個「狀況整理清單」就是幫助各位認清這點。

只看到自己的強項（優勢）就看不到未來的成長，相反的，只看到自己的弱項（劣勢），也就很難順利推展事物。重要的是維持兩者的平衡。

主題	分析大學入學考試	
	優勢	劣勢
個人	· 很有心考大學 · 確定自己未來的規畫與想做的事 · 認真準備模擬考和平日的課業	· 自己的心理狀態受到模擬考的結果與平日的課業影響 · 苦惱於理想與現實的落差
環境	· 認識更多水準相同的夥伴 · 確定想進的學校，更容易得到應考指導與升學指導 · 容易取得必要資訊	· 與身旁夥伴的比較，影響到自己的心理狀態 · 可篩選資訊，反而少了其他選項

Step **1** ▸ 首先寫下自己的強項（優勢）與弱項（劣勢）。

Step **2** ▸ 接著想想自己所處的環境，寫下優勢和劣勢。

Step **3** ▸ 檢查一遍，比較 4 個象限，寫上需要補充的內容。

基本的思考模板

思考「我的強項（優勢）是什麼？」、「我的弱項（劣勢）是什麼？」的同時，也要想想自己所處環境的優勢與劣勢。在自己的部分寫下「不輕易放棄」、「擅長機械操作」等之後，分析環境時，你通常會發現自己所處的環境中有「身邊有很多不輕易放棄的人」、「我有很多朋友也很擅長操作機械」等，成就你優勢的主因存在，因此分析個人與環境必須同時進行。

釐清優勢與劣勢之後，我們重新回顧一遍，多數場合優勢與劣勢就是一體兩面；有「知識不足」劣勢的人，可能有「對於各種事物都感到新鮮」的一面，有「不輕易放棄」優勢的人，也會有「做事缺乏效率」的一面，因此兩方面都需要好好看清楚、想透澈。

進階思考

除了自己之外，自己的計畫、自己的團隊等，也要放在「個人」那一欄思考。看過前面介紹的思考模板也知道，所處環境會帶給個人莫大的影響。學會像這樣應用在各種事物上之後，一定會有很多收穫。

🎯 這裡是關鍵！〔掌握自己〕

首先我們要針對個人（自己）好好整理一番。最懂自己的往往不是自己，你需要記住這點。

有時可以問問身邊其他人「我的優缺點是什麼？」用來整理自己。藉由許多人的意見，我們就能夠從多方面了解自己。

	優勢	劣勢
個人	·很有心考 ·確定自己未來的規畫與想做的事 ·認真準備模擬考和平日的課業	·自己的心理狀態受到模擬考的結果與平日的課業影響 ·苦惱於理想與現實的落差

01 關於英語會話線上課程

這個案例是利用前一頁介紹的「狀況整理清單」分析線上課程服務。

像這樣從第三者的角度整理狀況時，「個人」欄要寫上自己利用該服務的優缺點，「環境」欄則是寫上該服務所處的立場，這樣分析就會簡單易懂。

看過這個案例之後，我相信各位也就不難理解——「練習習慣有口音的英語⇆國籍、口音種類太多，有時會猜錯口音」、「愈來愈多人想要提升英語會話能力⇆服務多樣化、競爭對手增加」等——很多時候優勢與劣勢就是一體兩面。

因此，先利用這個「狀況整理清單」適度的掌握哪邊需要修正、最大的問題是哪個部分吧！

主題	分析英語會話線上課程	
	優勢	劣勢
個人	・24 小時隨時都可聽課 ・比其他線上英語會話班便宜 ・網羅許多來自不同地區的講師→可訓練自己習慣不同國家特有的口音	・除了每月的月費之外，預約人氣講師需要另外付費 ・想要上英美母語講師的課，必須加入比較貴的方案 ・國籍、口音的種類太多樣化，有時會「猜錯」口音
環境	・新冠肺炎疫情使得民眾對於純粹的線上課程接受度變高 ・外國觀光客、移工增加，講英文的機會也增加＝愈來愈多人想加強英語會話能力 ・企業也重視英語溝通→增加企業間商務往來的機會	・英語會話線上課程的多樣化＝競爭對手增加，必須做出市場區隔 ・大學入學考試的共同測驗項目延後加入英文口試→難以預測考生需求的成長

02 關於司法考試補習班

接下來也是類似的案例，分析司法考試補習班的優勢與劣勢。

像這樣實際做過分析之後，你就會發現，環境的優勢與劣勢事實上會大幅影響到該服務的發展。

假設各位要選擇補習班，是不是會先看網路上口耳相傳的評價？我想應該沒什麼人會選擇學生少、知名度低的補習班，因此這方面的環境很重要。

主題	司法考試補習班	
	優勢	劣勢
個人	·集結許多實際通過新制司法考試的講師＝講師本身的考試技巧寶刀未老 ·比其他補習班便宜很多 ·聽課需要的時間短＝念書更有效率	·歷史不夠久＝某個年齡層的社會人士很難接受 ·也有聽說講師的指導品質良莠不一
環境	·疫情過後，線上課程已經普及，民眾也很能夠接受全程線上上課的授課型態 ·很多通過考試者的經驗分享＝容易口耳相傳 ·近年來報考司法預試的人數持續增加＝潛在顧客增加	·近年來報考司法考試的人數逐年減少＝潛在顧客減少 ·提供更便宜課程的補習班、線上課程服務愈來愈多＝競爭對手增加

03 分析自己的性格

主題	關於我的謹慎性格	
	優勢	劣勢
個人	·事先設想各種場面，一旦實際出狀況時，能夠快速應對 ·懂得暫時停下腳步思考，因此很少在行動之後後悔	·老是暫停，拖拖拉拉，無法付諸實踐，往往比別人慢一步 ·就連實際上沒有發生的事情也擔心，因此經常感到疲憊
環境	·開會討論議題時，會定期站出來暫停討論，整理論點，或注意到其他人沒想到的事情，幫助討論順利快速進行	·對於自己的發言缺乏自信，決策不夠果斷，因此不但不適合主導討論，也無法活絡討論氣氛，甚至有可能帶來負面影響

最後改變主題方向，把這個表格套用在性格分析上試試。

不管是什麼樣性格的人都有各自的優缺點。在這種場合說這種話能夠炒熱氣氛，但是同樣的話放到其他場合去說，有可能反而破壞氣氛，這種情況也時有所聞。

因此，利用這4個項目分析整理，檢討自己在什麼場合採取了什麼行動很重要。

PART 4

改善力

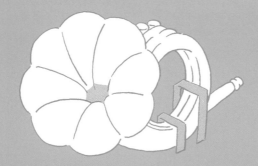

何謂改善力？

「改善」到底是什麼意思？「改善」一詞經常當作「把不好的事情改掉變好」的意思使用，也就是「改善」這兩個字字面上的意思。

那麼，「改善力」為什麼重要呢？答案很簡單，因為「計畫多半都不會如願完美實現」。

我過去在社團為了比賽練習、準備期中或期末考等各種場合，都會擬定「計畫」，排好練習或讀書計畫，但是一旦發生受傷、生病或缺乏動力等出乎意料的情況，我的計畫就會被打亂。我這樣說可能有點目中無人，不過計畫失敗本身並非壞事，你反而會因為計畫失敗，了解到改善的能力有多重要。

這裡最重要的是，別太執著於原始的計畫。太鑽牛角尖、堅持「一定要完美實現」計畫，期待反而會落空。檢討失敗的原因，思考下次該怎麼做才是重點。

沒有人一開始就能夠考 100 分；剛開始只拿 30 分也很好，有 70 分的成長空間，更重要的是分析剩下的 70 分要怎麼拿到，這種思考能力就是「改善力」。

提高改善力的思考模板

本章將介紹 3 個提高「改善力」的思考模板。

11 預定事項⇄完成事項清單

利用具體的進度基線思考改善方法。

12 KPT 格式

分析優缺點，作為往後的參考。

13 改善清單

不是只檢討自己，也考慮自己身邊其他人和環境等各種因素，思考改善方法。

一開始就會成功的人並不多，重要的是失敗時如何分析原因。失敗為成功之母，希望各位務必利用這裡教的思考模板培養改善力。

預定事項⇄完成事項清單

計畫不是擬好就結束了？

各位是否經常遇到計畫趕不上變化的情況？有時事情超乎你預期的表現，有時則是沒有按照你預估的狀態發展，不過我相信多數人都沒有檢查情況是否計畫大致上相符。

但是，回頭檢討很重要，檢討是可以正確認識個人能力的好機會，能夠幫助你做出「這種程度應該今天就能做完吧！」的評估。

前面已經介紹過許多擬定計畫的訣竅——拆解事物，排出優先順序，設定期限，我想各位已經學到不少重點，這裡將延續前面的內容，介紹如何檢討擬好的計畫。

8月 / 16日 / (一)		6	7	8	9	10	11	12	13	14	15	16	17	18	19	20	21	22	23	24
	預定事項		②		③		FREE	③	⑥		⑤		FREE		⑦		④			
	完成事項		②		③		FREE	③	⑥		⑤		FREE		⑦		④			

本日預定事項	本日的檢討
①TARGET 1900 SEC11、12 ②藍 CHAT IIB P413～431 ③漢文 YAMA no YAMA 33～55 ④日本史一問一答 P36～61 ⑤POREPORE 13～15、複習前面 ⑥基礎地球科學 3、4章 ⑦觀看 STUDYSAPURI 英語學習支援 app 的線上課程（休息時）	一天的生活變得比暑假剛開始時更有意義，用功讀過的內容也都記住了。特別是數學，之前我只要卡住就會放棄，改念其他學科，最近我已經能夠努力靠自己解題。 我最大的問題是一旦分心就會放空，所以在我覺得快要分心時，我會提醒自己去看其他書或影片等。 就快要開學了，希望我能夠繼續維持這個狀態，每天過得更充實。

使用方式

Step **1** ▶ 整理好當作目標的「本日預定事項」。

Step **2** ▶ 把目標排入行事曆，設定「這個時間到這個時間做這件事」。

Step **3** ▶ 實際試做的結果也同樣寫進行事曆。

Step **4** ▶ 看看相差多少，檢討成功與失敗的部分。

〔基本的思考模板〕

這個思考模板的意思就是「列出待辦事項清單與計畫，並且去實踐」。決定「我要去做這件事」之後再行動，做起來比較容易，請各位務必試試。

再來不可忘記的是「往後要如何參考此次的經驗」。東大生當然也會失敗，情況不如預期也是常有的事，因此用不著把失敗這件事放在心上，必須記住的是「下次採取同樣計畫會失敗」。

想想哪個部分行不通？為什麼無法跟計畫的一樣？就算成功了，也要想到「下次或許可以擬定難度更高的計畫」。由此可知，檢討是為了累積可當作未來參考的經驗。

〔進階思考〕

過度執著於計畫也不好。規劃「緩衝時間」，換言之就是「空下來，用來核對沒有符合計畫的部分，好應付不如預期的情況」的時間，可說是一種聰明的做法。事先設定緩衝時間，遇到狀況外的意外也較容易應付，希望各位務必試試。

🎯 **這裡是關鍵！〔分析失敗的部分〕**

　　想想失敗的部分為什麼會失敗，或者是想想下次可以怎麼應用這次的經驗。

　　這些理由之中，或許有些自己也無力扭轉，儘管如此還是要分析，只改善自己能做到的部分，也會有不錯的效果。

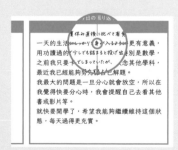

01 工作上的預定事項與完成事項

這個案例是把前一頁介紹的「預定事項⇄完成事項清單」套用在工作計畫上。

前面的其他思考模板也有幾種需要擬定計畫。不管要不要套用那些思考模板，我想很多人本來就習慣在做事前先擬定計畫。好，我問各位，你們都有回頭檢討那些計畫嗎？

計畫多半都不會按照預定的狀態進行。比方說，預定開 1 小時的會議往往會開到 2 個小時；又或者反過來，本來以為要花 3 小時的任務卻 30 分鐘就做完；又或是本來預定晚上要開的會議卻延期。

利用這個表格對付這些狀況，能夠掌握自己當天完成的事項。計畫不是擬定好就沒事了，回頭檢討看看實際達成了哪些吧！

10月3日 (一)		6	7	8	9	10	11	12	13	14	15	16	17	18	19	20	21	22	23	24
	預定事項		聯絡、即時通		開會				企畫腦力激盪		休息	A會議	M先生		簡報準備			日報		
	完成事項		聯絡、即時通		開會				企劃腦力激盪		休息	A會議		簡報準備					日報	

本日預定事項	本日的檢討
☐聯絡　　☐與 M 吃飯 ☐A 商品會議 ☐簡報準備 ☐旁聽會議 ☐確認簡報資料 ☐全體會議 ☐企畫腦力激盪 ☐日報 ☐即時報告	・早上已經完成所有的預定事項 　→大致上按照預定計畫 　　企畫腦力激盪非常順利，比預定時間提早 20 分鐘結束 ・簡報花太多時間準備，沒能夠在晚上 9 點半回家 　→參與 A 商品會議，簡報內容有幾處更動，因此多花了些時間 　→幸好與 M 改約其他時間吃飯，原本約吃飯的時間用來準備簡報

02 課業上的預定事項與完成事項

這個「預定事項↹完成事項清單」當然也可以套用在課業準備上。讀書時需要分成不同科目、不同單元，因此較容易把預定事項細分。

看過這個案例也知道，寫數學題庫的時間延長了大約 30 分鐘，這種情況很常見，反過來說，就是因為會發生無法按照計畫進行的情況，所以回顧檢討計畫很重要。

別因為情況沒有按照計畫進行就受到影響，抱持正面態度，想成「這就是檢討的作用」吧！

3月 10日 (一)		6	7	8	9	10	11	12	13	14	15	16	17	18	19	20	21	22	23	24
	預定事項			起床	英文單字	世界史		數學		英文長篇		地理考古題		漢文		大學調查	買書	古文單字	洗澡睡覺	
	完成事項			起床	英文單字	世界史		數學			英文長篇		地理考古題		大學調查		買書	古文單字	洗澡睡覺	

本日預定事項	本日的檢討
☐數學題庫⑩～㊿ ☐世界史一問一答 50 題 ☐英文單字集 1000 ～ 1100 ☐英文長篇閱讀測驗 2 個題組→複習 ☐地理考古題 2018 年→複習 ☐古文單字 200 ～ 300 ☐漢文考古題 2018 年→複習 ☐提升動力用的大學調查 ☐去買參考書 ☐在 12 點之前睡覺	・寫數學題庫比想像中更花時間，結果沒時間準備漢文，只好刪除 ・花太多時間調查大學，所以上床睡覺的時間延後 ・幸好成功完成在 12 點之前就寢的「預定事項」 〈下次之前要做的事〉 ・安排更多時間寫數學題庫 ・今天沒複習到的漢文，從明天起固定安排在「預定事項」，提醒自己

03 準備公務人員考試的預定事項與完成事項

接著是在公務人員考試的準備上套用這個表格。

這裡的關鍵是計畫必須列出具體要讀的分量。例如：「智力測驗30題」、「3 年分的白皮書」。此外，在檢討時也要以明確的數字標示達成率，比方說「有兩題不會寫」等。

像這樣利用數字標示，更有助於擬定可實現且容易做到的計畫。為自己訂下每日目標，朝著達成目標邁進吧！

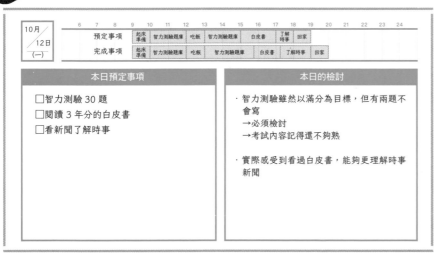

10月 12日 (一)		6	7	8	9	10	11	12	13	14	15	16	17	18	19	20	21	22	23	24
	預定事項				起床準備	智力測驗題庫		吃飯	智力測驗題庫		白皮書			了解時事	回家					
	完成事項				起床準備	智力測驗題庫		吃飯	智力測驗題庫			白皮書		了解時事	回家					

本日預定事項	本日的檢討
☐智力測驗 30 題 ☐閱讀 3 年分的白皮書 ☐看新聞了解時事	・智力測驗雖然以滿分為目標，但有兩題不會寫 →必須檢討 →考試內容記得還不夠熟 ・實際感受到看過白皮書，能夠更理解時事新聞

KPT格式

整理 Keep、Problem、Try

　　檢討過去是為了提供未來當作參考，這觀念不管在任何領域都很重要，其中這個「KPT格式」就是從以前沿用到現在，非常基本且容易套用的模板，東大生在自己的課業或日常生活的做事方式上，也經常使用這個思考模板。

　　重點在於參考過去的失敗經驗。不管是誰，只要能夠避免在曾經跌倒的地方再次跌倒，必然能夠成長，可是多數時候，重複同樣的錯誤，只會耽誤成長，再沒什麼比這種情況更令人惋惜的。我們一起來利用這個思考模板幫助成長吧！今後也能持續的事寫在Keep，行不通的事就寫在Problem，總之先寫下來。

主題	7月的生活計畫

Keep：繼續進行的事項

英文是本月的重點學習項目，所以我安排了最多的讀書時間。具體來說除了每天背單字之外，還加上每天寫一篇英文長篇閱讀測驗，以及練習不熟的文法，強迫自己記住。

Problem：改善的事項

雖然英文本來就是本月讀書計畫的重點，可是其他科目都沒碰可不行，接下來也必須安排其他非優先科目的讀書時間。

Try：未來改進的目標

先在自己心中決定好優先順序並確實執行，因此有了自信。
發現自己沒能夠兼顧其他科目，所以今後也要分配比現在更多的心力給其他科，視各科的進度安排優先順序。

| 使用方式 | Step **1** ▸ 某件事下次也想繼續、覺得進展順利，就列在 Keep。 |
| Step **2** ▸ 相反的，某件事下次不想繼續、覺得進展不順利，就列在 Problem。 |
| Step **3** ▸ 最後參考 Keep 和 Problem，思考未來想做的事，把下次想實踐的事列在 Try。 |

(基本的思考模板)

選出一個題材試試吧！挑選什麼樣的題材都無妨，不管是回顧檢討今天一整天或一件企畫案都可以。

過程中你要思考「對未來有什麼樣的參考價值？」此時並非單純把 Keep 項目的內容寫到 Try 欄位就好，也不是只要想出與 Problem 欄位相反的內容就好，因為可能會發生「知道歸知道，但我就是改不了」、「雖然很想實踐，但我恐怕一直會有這個問題」等情況。

重點是回顧過去，展望未來。上次小考拿 60 分，不代表下次就一定要考滿分，61 分也很好，只要選擇更好的路線，不管是多麼小的一步，也是進步。繞遠路也沒關係，重要的是一步步靠近未來。

(進階思考)

我們要把 Try 欄位先分成「下次必須注意的事項」，以及「下次之前必須做到的具體目標」。「正式上場時要小心，別犯下粗心大意的錯」很重要，「因此必須使用與正式上場相同的條件解題並檢查」的具體行動也很重要，兩者都能夠準備妥當，就能夠澈底發揮這個思考模板的作用。

這裡是關鍵！〔想一想 Try 的內容〕

不管是什麼樣的分析，只要分析結果無法活用就沒有意義，最重要的是想一想這項分析要如何用在未來。反過來說，不管現在有多辛苦，只要能夠看到下次該做的事，現在的辛苦也就值得了。

深入挖掘自己對 Try 欄位的想法，想一想未來要做什麼吧！

Try：未來改進的目標
先在自己心中決定好優先順序並確實執行，因此有了自信。
發現自己沒能夠兼顧其他科目，所以今後也要分配比現在更多的心力給其他科，把各科的進度安排優先

01 高中生活的總結

前一頁介紹的「KPT 格式」也可用來總結高中生活。請假設我們即將高中畢業,正要邁入下一個階段。

我高中 3 年因為加入棒球社,所以每天都忙著練球,不太積極參與學校活動。

我相信也有人跟我相反,反而是積極參與學校活動,卻沒有專注投入在單一事物的經驗。我不是在批評好壞,重點是回顧檢討自己,下次改進。

把「未來改進的目標」寫在 Try 欄位,反省過去的自己,吸收優點,讓自己變得更優秀吧!

主題	高中生活的總結

Keep:繼續進行的事項

3 年來投入於社團活動,每天勤奮練習,最後成功參加縣運會比賽。
我想活用「熱衷單一事物」的經驗。

Problem:改善的事項

投入社團活動的缺點就是鮮少參與學校活動。
無法一起準備校慶活動,讓同班同學很困擾。

Try:未來改進的目標

珍惜熱衷某件事物的經驗,進入大學也想找到吸引我投入其中的新目標。

另一方面,我不太有與人共同達成某項目標的經驗,因此想要試試與人積極溝通、互相協助達成目標的挑戰。

02 新商品的簡報

KPT 格式也可套用在公司的簡報發表上。

不只是簡報發表如此，任何發表需要檢討的部分，除了該發表本身之外，還包括事前的準備過程。

花了多少時間準備？是否有共享每個人必須做的工作？是否有重新檢查簡報資料，檢查有無缺失？——反省自己是否有想到這些，下次改進吧！

主題	新商品的簡報

Keep：繼續進行的事項
- H 公司表示他們已經充分了解 A 商品的魅力
- 不管前輩或後進，眾人通力合作，勉強趕在期限之前完成

Problem：改善的事項
- 期限之前才把簡報資料交給設計師
- 請 N 上司幫忙看過之前錯字很多
- 全部完成後，才拿給 N 上司看
  → N 上司表示，希望在更早的階段就拿給他過目

Try：未來改進的目標

來自 Keep
- 在發表簡報前請 F 同事和 N 上司看過，才有機會補充資料
  → 幸好在上臺簡報前，有機會給他們兩人看過
- 遇到問題就問人

來自 Problem
- 下次要注意的地方
  → 提早做完簡報，提早交給設計師

下次的具體目標
- 為了能夠提早交給設計師處理，必須提早完成簡報資料
- 為了避免錯字，在給人看之前，先自己檢查一遍
- 別等全部做好，在簡報製作初期就請 N 上司檢查方向是否正確

03 日常工作狀況

主題	日常工作狀況

Keep：繼續進行的事項
- 頻繁檢查電子郵件、LINE 等聯絡工作，盡快回覆
- 交辦的工作能夠準時完成
- 收據等也能夠準時繳交
- 起床、就寢時間固定，過著健康生活

Problem：改善的事項
- 無法做到指示以外的成果，沒能夠用心去思考對方的需求
- 交辦其他人工作時，委託內容形容得太過抽象，導致對方無法立刻採取具體行動
- 所有工作都是千鈞一髮勉強趕上期限

Try：未來改進的目標

來自 Keep
- 今後也繼續保持快速回覆來信、來電等聯絡
- 繼續保持生活節奏
- 事先在行事曆標示截止日期，提醒自己別忘記期限

來自 Problem
- 別人交待你工作時，直接跟對方確認他的需求，或是調查「其他人都做到什麼水準」，並且要高過那個水準
- 送出訊息之前，自己要重新讀過，自我檢查看看「讀完的瞬間，是否看懂要做什麼？」

最後我們利用這個「KPT 格式」檢討工作狀況吧！

寫 Keep 和 Problem 的訣竅，就是把自己無意間採取的行動變成文字。能夠「快速回覆電子郵件」、「過健康生活」等事情，對於會的人來說或許理所當然，但那也是他們的價值。

相反的，現在不會的事情只要養成習慣也會變成「理所當然」，在工作上就能夠更加得心應手。

改善清單
失敗為成功之母，最重要的是「改善」

各位是否也曾經失敗？每個人的經驗或大或小，但我想閱讀本書的幾乎所有人，恐怕過去都曾經歷過失敗。

這種時候我們總是會不自覺去思考「為什麼會失敗？」吧！可是大多數時候，原因都不只一個，而是由許多失敗交疊累積而成。

這裡介紹的「改善清單」是用來整理包括自己在內的多人責任。哪裡做得不好？怎麼做才會好？利用這個表單把自己、他人、環境全部整理過一遍，提供下次參考改進。你想要改善失敗、下次改進，卻因為某些原因做得差強人意，這種時候就來試試「改善清單」吧！

	說明	分析	改善
自我責任 I	・忘記通知會議改時間	・改時間時，正好有工作進來，我決定晚一點再發通知	・聯絡盡量不要延遲處理 ・無論如何都無法當下處理時，寫在便利貼上提醒自己
自我責任 II	・開會前沒有提醒出席者	・太漫不經心，認為大家應該記得	・在重要會議開始之前，要再次提醒出席者，並附上詳細說明
他人責任	・沒有從上一位負責人手中交接開會相關資訊	・交接方式沒有固定	・事先做好下次交接的準備
環境責任	・有工作要忙	・忙著工作，往往就會忘記確認	・忙著工作也別忘了確認 ・使用可簡單整理確認事項的工具

使用方式

Step **1** ▸ 寫下兩件失敗事項並附上說明。

Step **2** ▸ 更進一步詳細寫下自己的責任,再客觀分析。

Step **3** ▸ 仔細看過分析內容後,寫下「下次應該怎麼做」的改善方法。

Step **4** ▸ 利用相同方式寫下他人的責任說明、分析、改善。

Step **5** ▸ 利用相同方式寫下環境因素,也就是從說明、分析、改善這 3 個角度,寫出造成錯誤發生的狀況或時機等。

(基本的思考模板)

　　出問題有時是時機不好,不見得是你的責任,但你心裡應該會有「自己應該這樣做」的遺憾;哪怕是別人的疏失,你也會想著:「我或許也有能做的。」假如是團隊的任務,更是如此。

　　所以,重要的是整理出每個人的責任。自己有錯,別人也有錯,時機也有錯,是誰的錯不重要,請想想下次應該怎麼做,這麼一來下次一定會有更好的結果。

(進階思考)

　　詳細寫下環境責任,就能夠了解根本上的原因,也更容易當作下次改進的參考。本書還介紹過「背景／原因格式」(請見 20 頁),請務必將兩者合併使用試試。個人能做的事有限,但有時只要了解根本原因,就不難實踐。

🎯 這裡是關鍵!〔**想一想下次應該怎麼做**〕

　　我已經說過很多遍,重要的是下次要怎麼做。檢討完失敗後,如果只顧著沮喪,套用這個表格就沒有意義。好好想一想要如何改善,決心下次要參考這次的經驗;如果不去面對失敗,傷口只會一直是爛瘡,所以請澈底消毒根治吧!

改善
· 聯絡盡量不要延遲處理
· 無論如何都無法當下處理時,寫在便利貼上提醒自己
· 在重要會議開始之前,要

01 改善熬夜與睡眠不足的方法

這個案例是利用前一頁介紹的「改善清單」，思考如何改善熬夜和睡眠不足的問題。

我相信有人看到這個問題會認為「熬夜不就只是個人責任嗎？」我懂你的意思，但考慮到造成熬夜的背景原因就會發現，其實這也與朋友、家庭狀況等有關。

那麼，改不了熬夜習慣的原因究竟是什麼呢？恐怕是因為沒有規劃具體行動；行為沒有改變，所以你還是一樣會熬夜。

就像這個案例一樣，定下「智慧型手機放其他房間」、「做完所有事再回自己的房間」等規定之後，行為就會開始改變。

	說明	分析	改善
自我責任Ⅰ	滑手機滑太久	受到手機光線的影響，想要睡覺時卻睡不著	晚上 11 點過後不滑手機，或是把手機放在其他房間
自我責任Ⅱ	太晚才洗澡、刷牙等	有「非做不可的事情會拖拖拉拉」的壞習慣	睡前把所有該做的事情做完再回自己的房間
他人責任	朋友每天晚上打電話來	其他事情都沒做，只熱衷於講電話	減少頻率或等事情都做完才講電話
環境責任	家人對自己晚睡沒有意見	自己要注意、要自律	持續上述的改善內容，也把這件事告訴身邊的人，其他人和自己的想法也會逐漸改變

02 改掉書買來不看的「囤書癖」習慣？

　　接著我們來想想「囤書癖」的改善清單。

　　這也是我很煩惱的問題。我喜歡逛書店看各種書，實際把書買回家的情況也不少，但有其他工作和課業優先，所以我成了所謂的「囤書狂」。

　　為了改善這點，我認為實踐清單上的「事先規劃看書的時間和地點」很重要。把「看書」納入生活的一部分，養成看書的習慣吧！

	說明	分析	改善
自我責任Ｉ	優先處理閱讀之外的事情	往往不自覺就玩手遊或看影片，選擇門檻低的娛樂。這些娛樂占去不少時間，所以沒時間看書	事先規劃看書時間
自我責任Ⅱ	往往一不小心就買下內容困難的書	內容很難，所以不容易拿起來看，漸漸就無心閱讀	不買內容很難的書。買書時，把自己能否看懂列為買書的判斷依據
他人責任	一起住的家人很吵，無法專心看書	有人說話的空間不適合看書	去圖書館或咖啡店等不太有人聲的地方閱讀
環境責任	有許多比看書更快樂的娛樂存在	看書的門檻太高	為了找到閱讀的樂趣，寫感想或與朋友分享感想，降低門檻

PART 4

改善力

03 讓文章變好讀的改善方法

	說明	分析	改善
自我責任Ｉ	不清楚什麼樣的文章叫「好讀」	太少接觸教人寫出好讀文章的書，以及好讀的文章	看完一本教人寫作的書，以及一本讀者稱讚好讀的商管書
自我責任Ⅱ	文章都亂寫	寫完後沒有自己修改，或是沒有請別人看過之後發表感想	寫完的第 2 天重讀文章，嘗試自行修改
他人責任	很少人能夠替我檢查我寫的文章	公司人少，分不出人力檢查我的文章	簽訂保密條款，積極找公司以外的人替自己看過文章，或是上傳到部落格等，期待網友的反應
環境責任	在公司裡鮮少有機會寫文章	另外有寫手在，不需要自己動手寫文章	找尋有很多機會寫文章的工作／把文章上傳到部落格等公開平台累積經驗

　　交報告或製作簡報資料時，是不是有很多人都希望自己能夠「寫出別人能看懂的文章」？不瞞各位說，我也是其中一人。

　　「寫出好讀文章」這個改善目標可以拆解成許多細項。就像案例中也提到的，缺乏寫文章的經驗也是理由之一。調查自己寫不出好文章的理由，接著採取行動改善吧！

PART 5

目標設定力

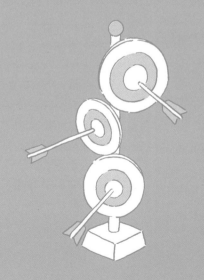

何謂目標設定力?

設定「目標」到底是什麼意思?各位說得出「目的」與「目標」有何不同嗎?臨時被問到時,我想有不少人都無法回答清楚,但事實上這兩個詞彙有明確的差異;如果要更進一步的說明兩者的關係,那就是「目標」是「目的」的其中一部分。

「目的」是「我想成為這種人」、「我想做這種事」等理想中的樣貌,有些抽象也無妨,就像是「我想要跑得更快」。

相反的，「目標」是指「達成目的的必要手段」，例如：「為了做到這樣，首先要達成年營業額 1000萬」。利用數字設定自己前進的方向，就是目標設定。假設目的是「我想要跑得更快」，那麼「為了跑得更快，我打算每天練習 20 次 50 公尺衝刺」就是實際且具體的手段。

決定「目的」對各位來說或許相對容易，腦海中較容易浮現「我想做的事」的想像，但是決定「目標」多數時候都很困難，因為人們通常都搞不清楚達成目的需要採取什麼手段。

提高目標設定力的思考模板

因此，本章將介紹 4 個提高「目標設定力」的思考模板。

14 目標達成清單

用來縮小自己想達成的目標與現狀之間的落差。

15 SMART 目標設定清單

以 SMART 原則為基礎，將自己的目標具體化。

16 兩項目標格式

思考「未來目標」與「行動目標」，從目標逆推，想想自己該做什麼。

17 挑戰準備清單

在嘗試新事物之前，從正面和負面兩個方向整理分析自己的狀況。

目標設定實際考量多半是現況而不是未來。自己要對現在所處的位置充分了解，才能夠設想通往未來的每一步。

目標達成清單

知道自己想去的地方後，掌握現在所在的位置

　　達成目標時，重要的是填補自己的現狀與目標之間的落差。假設你「想要通過證照考試」，像無頭蒼蠅一樣努力無法有結果，你必須先調查該證照考試的合格分數是多少，接著測試你現在去考會考幾分，最後想辦法填補兩者之間的落差。

　　把這一切的過程具體化，就是「目標達成清單」的用途。這個表格在我是考生時幫了很大的忙，奠定我思考方式的基礎，在我上大學後，也用在工作和其他計畫等各方面。我相信各位在看過前面的思考模板後，已經很習慣設定目標，所以這次我們就從客觀的角度審視自己的現狀。

終點

落差 ●目標與現狀的落差

瀏覽數不足，與目標差距甚大。
必須澈底具體化。

現狀

目標 ●希望達成的樣子和狀態
公司的自媒體人氣提升

具體來說！
· 每月瀏覽數 1 萬
· 有託播廣告
· 來自聯盟行銷[6]的穩定收入

選項 ●該做什麼？
· 媒體本身的宣傳
· 吸引人按下連結閱讀的巧思
· 介紹公司事業

具體來說！
· 利用 Twitter、在綜合情報網站刊登報導
· 利用關鍵性的縮圖和標題，調查工時比例、顧客需求（網站設計的 A/B 測試[7]等）
· 定期發送事業介紹的報導

現狀 ●現在的狀態
公司的自媒體還沒有什麼人氣

具體來說！
· 公司的自媒體每月瀏覽數 500 ～ 700
· 沒有廣告託播
· 來自聯盟行銷的收入幾乎是零

---

6 「聯盟行銷」是將自己的網站當成入口網站，引導自己的顧客點選到其他合作網站，商品成交後可以獲得一筆聯盟獎金。

7 「A/B 測試」是用來隨機測試顧客反應的網路行銷方式，版本 A 可能是目前正在使用的版本，而版本 B 是改進版，看看顧客對何者的響應率較高。

使用方式

Step 1 ▸ 設定目標最重要的是先寫下希望達成的狀態。
左邊的內容可以抽象，但右邊要盡可能具體。

Step 2 ▸ 接著寫下現在的狀態。寫出尚未達到目標的自己目前所在的位置。
左邊的內容可以抽象，但右邊要盡可能具體。

Step 3 ▸ 延續 Step 1 和 Step 2，寫出兩者的落差。
仔細想一想差距有多少？究竟怎麼做才能成功？

Step 4 ▸ 根據這個落差，列舉出應該做的事。只要明確列出該做什麼就可以。左邊的內容可以抽象，但右邊的內容必須具體到「明天就能開始挑戰」的程度。

(基本的思考模板)

「叫我寫出具體內容，我也寫不出來」、「什麼叫抽象？」你或許會因為左邊和右邊要寫不同內容而傷腦筋，用不著這麼苦惱，先把目前的狀況寫在左邊，想著「進一步拆解的話就會變成這樣」並實際拆解看看。本書有好幾個思考模板都有提到「拆解」，各位可以合併使用，簡單來說就是把現有的東西細分成更小、更容易實踐、更容易理解接受的內容。

知道落差多大之後，就來想想要用什麼方式填補。如果是分數，想想「怎麼準備才能夠填補 60 分的落差？」「可以從哪些科目拿分數？」如果是更抽象的目標，就想想「我有哪些選擇？」及「其他人怎麼做？」

(進階思考)

在知道落差多大之後，如果寫不出接下來的內容，可以嘗試制式思考，看看誰擁有自己缺乏的東西、觀察對方做了些什麼。這樣的調查多做幾次，你應該就會對填補落差更加得心應手。

🎯 這裡是關鍵！〔寫下落差〕

為了達成目標，最重要的就是意識到落差的存在。我們必須想想現在的自己、現在的進度距離終點有多遠。

只要產生努力填補差距的念頭，自然就會確立努力的方向，也就很有可能成功。

> 落差 ●目標與現狀的落差
>
> 瀏覽數不足，與目標差距甚大。
> 必須徹底具體化。

01 大學入學考試的準備過程

這個案例是套用前一頁介紹的「目標達成清單」準備大學入學考試。

確定終點在哪裡之後，在思考「抵達終點之前我們應該做些什麼」時，首先要知道的就是我們目前的狀態。

假設我問各位：「東京車站要怎麼去？」你如果不清楚我的所在位置，你也無法告訴我怎麼去東京車站吧？

我有可能在搭電車約 10 分鐘的地方，也有可能必須搭乘新幹線或飛機。我的所在位置不同，前往東京車站的方法也就大不相同。

準備考試也一樣，在思考你最後的偏差值要達到多少、你想考上哪所大學、拿到哪個證照的同時，你也必須想想現在的自己距離終點有多遠，才能夠找到通往終點的路。

終點	目標 ●希望達成的樣子和狀態	具體來說！
▲	想考上偏差值 75 的學校！	不是埋頭亂讀，不但要確立自己的課題和應做事項，也要為了成功通過考試充分準備。
落差 ●目標與現狀的落差	選項 ●該做什麼？	具體來說！
合格等級 E 等，偏差值差 25。最差的科目是數學，嚴重拉低分數。	接下來為了考上，首先必須做的是下列兩項：①提升自己擅長科目的表現，增加自信。②對於不擅長的科目也要掙扎一下，多少賺點分數。	關於①努力準備英文，當作得分來源。關於②完全克服很困難，需要花時間和精力，因此準備的重心放在穩固基礎，從考古題分析出題方向。
	現狀 ●現在的狀態	具體來說！
現狀	目前偏差值是 50，沒有哪個科目稱得上擅長（勉強要說大概是英文？）現狀是所有科目的表現都是不上不下。	唯一最差的是數學，成績差到拉低整體表現，所以必須改善。

02 自媒體的應用

接下來是把「目標達成清單」套用在工作上。

這裡的重點是現狀欄的「不知道為了什麼而用」。

媒體的提供方無法理解這點，這麼一來就無法按照使用者的需求提供資訊、規劃行動。為了改善這點、抵達終點（實現想達成的狀態），最重要的是必須先檢討自己過去的作為，再來想想今後要採取的行動。

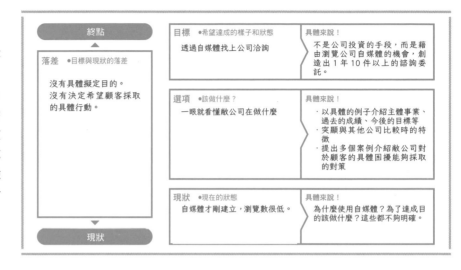

終點		
落差 ●目標與現狀的落差	目標 ●希望達成的樣子和狀態	具體來說！
沒有具體擬定目的。沒有決定希望顧客採取的具體行動。	透過自媒體找上公司洽詢	不是公司投資的手段，而是藉由瀏覽公司自媒體的機會，創造出 1 年 10 件以上的諮詢委託。
	選項 ●該做什麼？	具體來說！
	一眼就看懂敝公司在做什麼	・以具體的例子介紹主體事業、過去的成績、今後的目標等 ・突顯與其他公司比較時的特徵 ・提出多個案例介紹敝公司對於顧客的具體困擾能夠採取的對策
	現狀 ●現在的狀態	具體來說！
	自媒體才剛建立，瀏覽數很低。	為什麼使用自媒體？為了達成目的該做什麼？這些都不夠明確。
現狀		

03 通過 IT 護照 [8] 的證照考試

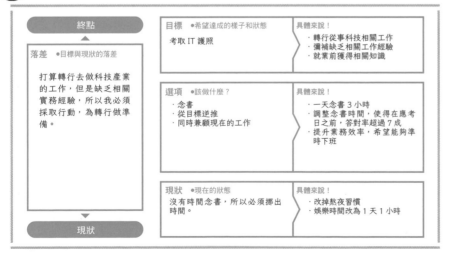

終點		
落差 ●目標與現狀的落差	目標 ●希望達成的樣子和狀態	具體來說！
打算轉行去做科技產業的工作，但是缺乏相關實務經驗，所以我必須採取行動，為轉行做準備。	考取 IT 護照	・轉行從事科技相關工作 ・彌補缺乏相關工作經驗 ・就業前獲得相關知識
	選項 ●該做什麼？	具體來說！
	・念書 ・從目標逆推 ・同時兼顧現在的工作	・一天念書 3 小時 ・調整念書時間，使得在應考日之前，答對率超過 7 成 ・提升業務效率，希望能夠準時下班
	現狀 ●現在的狀態	具體來說！
	沒有時間念書，所以必須挪出時間。	・改掉熬夜習慣 ・娛樂時間改為 1 天 1 小時
現狀		

這裡介紹的「目標達成清單」也有助於通過證照考試。

除了案例中提到的 IT 護照，我相信有很多人為了提升自己的技能，都想要取得某些證照。事實上我學生時代也為了消除英文差的弱點，準備托福考試。

面對這類證照考試時，最重要的還是「分析現狀」，這是最基本不過的步驟。掌握是什麼阻礙了目標達成，動手改善吧！

8 「IT 護照」（IT passport）是日本經濟產業省認定的國家測驗，用來證明及格者擁有科技相關基礎知識。

SMART 目標設定清單

目標要遠大，但必須是具體可實踐的

各位知道有種目標設定模式稱為「SMART原則」嗎？意思是設定目標要從5個觀點來看，使目標更明確。這裡介紹的思考模板就是把「SMART原則」改造成東大生的風格。

我認為目標愈明確愈好。各位考試時或許會想著「我要考高分」，可是這算不上是好目標；目標的標準是不能太模糊，必須具體訂出「我要考80分」才行，不能只有「考高分」。

相信各位已經利用前面的思考模板和表格思考過自己的「目標」，這個清單是在介紹使目標變具體且可測量、可達成的過程。

目標設定		
	希望讀完大量的書，培養廣泛的見識	

S	pecific ●明確的！	商管書、希臘羅馬哲學、文學、專業領域（法學書等）一個不漏全部讀完吸收，同時實踐在日常生活和工作上。
M	easurable ●可衡量的！	·商管書、希臘羅馬哲學、文學、專業領域書分別以每週1本的速度閱讀（1個月4本） ·每讀1本就要實踐至少1項該書的心得
A	chievable ●可達成的！	·1本還沒讀完可以先暫且進行下1本（往後挪OK） ·無法實踐的時候，也可以寫下3項以上的心得
R	elated[9] ●相關的！	·與過去的關聯：之前也偶而看書→養成閱讀習慣 ·下次的挑戰：把心得上傳到「note」[10]等網站（實踐）
T	ime-bound ●有時限的！	先持續1個月，檢查自己的進度，進行順利的話，持續做滿半年。停滯的話，重新安排計畫。

9 「SMART原則」是由管理學大師彼得・杜拉克（Peter Drucker）提出，原始的「R」是「Relevant」（相關的），書中用「Related」可能是作者改造的東大式寫法。

10 「note」是類似部落格的日本網站。網址：https://note.com/topic/reading

使用方式

Step **1** ▸ 先寫下想要達成的目標。

Step **2** ▸ 為了使目標明確，思考 5 項問題並寫出回答。

（基本的思考模板）

Specific：把計畫寫得更具體，會是什麼樣子？

Measurable：為了可衡量、為了事後檢討時可說「成功達成了」的目標，應該怎麼做？

Achievable：為了可達成的、不會過高、努力就能達成、不會太勉強的目標，應該怎麼做？

Related：為了相關的目標，也就是與下次挑戰有關，或是與過去的挑戰有關的目標，應該怎麼做？

Time-bound：為了有時限的，也就是時間限制明確的目標，應該怎麼做？

設定高目標很重要，但如果目標不夠明確，就很難執行。

具體、可衡量、可達成，並已設定與下一個挑戰有關的期限，這樣的目標會變成更有意義的內容。

我希望各位注意的是「Measurable ／可衡量的」。目標不能是「希望變聰明」，否則事後檢討時也無從得知「自己真的變聰明了嗎？」要改成「希望 TOEIC 拿 800 分」、「希望 1 週讀 5 本書」等內容，事後檢討才容易知道「可達成、無法達成」。

（進階思考）

在 Related 這項，先寫下一整套的下次目標吧！例如：「這次考試才考 40 分，下次要考 50 分」等，設定目標時必須想著進步。

🎯 這裡是關鍵！〔Achievable ／可達成的〕

能否達成，最重要的是必須突破極限，給自己適當的負荷，別當成是輕鬆就能達成的事情。會讓你產生「稍微勉強自己一些就可以達成，但這樣做沒關係嗎？」這種想法的目標最好。

A	chievable ●可達成的！	·1 本還沒讀完可以先暫且進行下 1 本（往後挪 OK） ·無法實踐的時候，也可以寫下 3 項以上的心得

01 教養的養成計畫

這個案例是把前一頁介紹的「SMART 目標設定清單」套用在教養養成計畫上。

「教養」很重要，但我最近逛影音平台和網路文章等，也老是只看自己感興趣的領域，常覺得自己荒廢了知識與教養。

受到許多不同國籍與年代的民眾喜愛的知名西畫，能夠告訴我們重要的思想與教訓，然而現在的世道變成這類內容隨時都可以在影音串流平台等看到，所以很多人在煩惱「我找不到時間觀賞」。隨時都能看的便利性，使得大家都把這些內容先擱置一旁了。

為了避免這種情況發生，請務必利用這個表格設定看節目的時段。

目標設定

欣賞知名西畫，培養教養

S	pecific ●明確的！	利用影音串流平台欣賞全球評價最高的西畫，培養藝術方面的教養。
M	easurable ●可衡量的！	・每週欣賞兩部以上的西畫介紹影片 ・欣賞完畢後，寫下印象深刻的場景和原因
A	chievable ●可達成的！	・原則上用正常速度播放，但時間上來不及看完時，可善用倍速播放功能 ・太累時，當天的筆記用短短 1 句話帶過也沒關係
R	elated ●相關的！	與過去的關聯：偶而會欣賞日本畫→養成欣賞西畫的習慣 下次的挑戰：與喜歡西畫的朋友聊聊自己印象特別深刻的西畫
T	ime-bound ●有時限的！	先持續 1 個月試試。如果能夠以每週兩部影片以上的速度持續下去，就繼續執行半年。無法持續的話，下個月起改為每週 1 部影片的速度進行。

02 提升業績的計畫

接下來我們利用這個表格設定業績目標吧！

這個案例最完美的地方在於能夠把「3 個月內的件數達到兩倍」、「每個月最多加班 10 小時」等方法變成數字。利用這種方式標示出具體目標，該做什麼也一目了然。

另外也可以寫上「重新設定目標」的標準。

事先決定好目標無法順利達成時要如何改善，就能夠順利修正。

目標設定 讓業績更好		
S	pecific ●明確的！	目前工作的公司特別推廣的商品業務，在盡量不增加加班時間的前提下，增加簽約成交的件數。
M	easurable ●可衡量的！	· 3 個月以內，簽約成交件數變成現在的兩倍 · 加班時間維持現狀
A	chievable ●可達成的！	· 過了 1 個月之後，判斷無法達成兩倍時，重新設定目標 · 差一點就簽約的場合，每月增加加班到 10 小時也可以
R	elated ●相關的！	最近逐漸養成知識、自信→善用學到的東西，成為成長的機會。
T	ime-bound ●有時限的！	先持續 1 個月。檢查自己的進度，進展順利的話，繼續進行 3 個月。不順利的話，找前輩商量，重新擬定策略。

03 設定全程馬拉松的目標

目標設定 在某個時間內跑完全程馬拉松（簡稱全馬）		
S	pecific ●明確的！	目標是參加並跑完 2023 年的東京馬拉松
M	easurable ●可衡量的！	經由接下來半年的練習，達成東京馬拉松 sub4（4 小時內完賽）的目標。
A	chievable ●可達成的！	· 每天早上上班前的 30 分鐘，固定當作訓練時間 · 每月跑半程馬拉松（簡稱半馬）以上的距離，測試實力
R	elated ●相關的！	去年參加過其他半馬比賽，所以確定接下來會持續成長。
T	ime-bound ●有時限的！	· 檢查成長狀況是否能夠參加 3 個月之後的全馬比賽，並確認是否能夠達成 sub4 · 1 個月過後判斷每日訓練是否可行

最後是利用這個表格設定「全程馬拉松」的目標。

在這個案例中反而要把一開始的目標設定得模糊。這個時間設定的思考過程需要利用 SMART 這 5 項按照時期、練習期間、訓練量、自己目前的體力等進行評估，再寫出具體的目標。

正式上場跑步之前，最好多安排幾次測試實力的機會，就像入學考試的模擬考、簡報的事前演練一樣。

兩項目標格式

大目標和小目標視為一套思考

目標也有很多種類型，有的是「實際上想要拿到這樣的小考分數」，也有的是「因此數學題庫要做這麼多」。

重要的是兩者要分開看待。設定目標時，要對未來有明確的想像，再逆推想想自己需要先完成的目標，這種目標也很重要。

「小考想考這樣的分數」、「想考上這所大學」這些有未來想像的目標，稱為「未來目標」；為了達成目標，「在哪天之前這本題庫要做完幾頁」等應做事項的基準，就稱為「行動目標」。把這兩者視為一套一起思考，更容易朝目標持續努力。接下來，我們就來思考這兩個目標吧！

未來目標	希望 1 個月之後的模擬考英文偏差值提升 5 分	
行動目標	重複練習基本概念不可或缺，另外再加寫類似模擬考的練習題（特別不擅長的英文作文要搭配其他題庫並行）。	
數字目標	**最低限度的目標** · 單字本每天看 1 回合 · 不擅長的英文作文的 24 個重點要掌握一半，記住固定模式，練習到隨時都能使用為止	**最高限度的目標** · 除了做到最低限度目標之外，加上文法練習、長篇閱讀測驗，花在英文的時間比平常增加 2 小時 · 題庫的範例文章每天朗讀 1 次，記住片語，練習到隨時都能使用的程度

使用方式

Step 1 ▸ 設定未來目標，想想接下來想要變成什麼狀態，確立終點。這種時候設定狀態目標也可以，但具體設定「要拿幾分」、「年收入多少錢」等很重要。

Step 2 ▸ 設定行動目標，列出你為了實現未來，所能想到、必須付出的努力。至少必須做到哪些，全部寫出來很重要。

Step 3 ▸ 其中，自己很容易做到的、今天至少要達成最低限度的事物，放入左邊的欄位，今天不做但優先順序很高的事物放在右邊的欄位。

（基本的思考模板）

　　按照未來目標、行動目標的順序思考，就能夠逆推計畫。從長遠的角度來想，能夠明確表達出「我想變成這樣」，就不會空口說白話，能夠落實在行動上實際達成目標。這是包括東大生在內的所有聰明人都會採用的思考模板。

　　在這個前提下，再把行動細分，記住今天起實踐的項目及優先順序高的項目，自然就會知道接下來自己該做什麼。

（進階思考）

　　行動目標確立後，利用「甘特圖框架」（請見 52 頁）或利用「預定事項⇄完成事項清單」（請見 62 頁）進行整理，起身行動實踐，努力或許會變得更有效率，想要達成的目標也就更有可能實現。就像這樣，不只用1 個思考模板，合併使用多個思考模板，找出自己專屬的實踐方法吧！

🎯 這裡是關鍵！〔**行動目標**〕

　　具體寫出來很重要，總之想想自己能夠做什麼，去做自己能做的事，即使失敗也有資格說「能做的我全做了」。只要保持這種姿態，未來目標一定也能夠達成。

行動目標	重複練習基本概念不可或缺，另外再加寫類似模擬考的練習題（特別不擅長的英文作文要搭配其他題庫並行）。

01 設定數學期末考的計畫

　　這個案例是利用前一頁介紹的「兩項目標格式」安排數學期末考的計畫。

　　在這個場合,「期末考拿 80 分」比前一頁的英文偏差值,是更具體的未來目標。但是只有這個目標的話,在考試當天之前應該怎麼準備,我想還是不夠明確。

　　想要考出好成績,不單單只是用功念書就可以,還必須掌握會從哪個範圍出什麼樣的題目、看看考古題想好對策、調整身體狀況應付考試等,需要各式各樣的準備。把這些全列入行動目標,轉化成具體的數字吧!

　　像這樣寫出目標就能看出「這裡或許還可以多努力一點」、「這裡或許太困難,無法破解」等改善之處,也會更容易行動。

未來目標	我希望數學期末考拿 80 分!		

行動目標	・調查考試範圍 →課本的幾頁到幾頁? →題庫的幾頁到幾頁? →參考書的幾頁到幾頁?	・題庫的考試範圍內容做兩遍! ・期中考有不懂的部分及不會寫的部分,重複練習寫期中考的題目,直到能夠拿滿分	・有很多計算錯誤,所以在考試日之前,每天練習四則運算 ・不懂的地方問朋友或老師 ・搜尋看看如何避免考試當天緊張 →看報導或書等,調查不緊張的方法

數字目標	最低限度的目標	最高限度的目標
	・調查考試範圍 ・練習四則運算 5 題 ・練習期中考的考題 1 遍 ・寫題庫 10 頁 →遇到不懂的地方,看課本的例題解題	・練習期中考的考題 1 遍 ・寫題庫 20 頁 →遇到不懂的地方,看課本的例題解題 →還是不懂就問身邊其他人 ・練習四則運算 15 題

02 設定新商品簡報的計畫

接下來是把這個思考模板套用在工作上。

公司開發出某個新商品，當然要對客戶做簡報、宣傳介紹一番。

這種時候不能只介紹商品的品質，用什麼方式傳達、傳達的簡報資料是否精緻等都是重點。

另外，就像這個案例一樣，「事先調查客戶、對話的對象」也很重要，可做出符合對方需求的簡報。

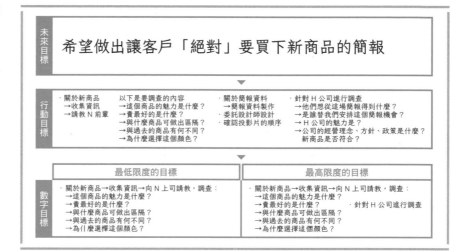

未來目標	希望做出讓客戶「絕對」要買下新商品的簡報			
行動目標	·關於新商品 →收集資訊 →請教 N 前輩	以下是要調查的內容 →這個商品的魅力是什麼？ →賣最好的是什麼？ →與什麼商品可做出區隔？ →與過去的商品有何不同？ →為什麼選擇這個顏色？	·關於簡報資料 →簡報資料製作 ·委託設計師設計 ·確認投影片的順序	·針對 H 公司進行調查 →他們想從這場簡報得到什麼？ →是誰替我們安排這個簡報機會？ →H 公司的魅力是？ →公司的經營理念、方針、政策是什麼？ 　新商品是否符合？

	最低限度的目標	最高限度的目標
數字目標	·關於新商品→收集資訊→向 N 上司請教，調查： →這個商品的魅力是什麼？ →賣最好的是什麼？ →與什麼商品可做出區隔？ →與過去的商品有何不同？ →為什麼選擇這個顏色？	·關於新商品→收集資訊→向 N 上司請教，調查： →這個商品的魅力是什麼？ →賣最好的是什麼？　　·針對 H 公司進行調查 →與什麼商品可做出區隔？ →與過去的商品有何不同？ →為什麼選擇這個顏色？

03 設定成為有行動力的人的計畫

未來目標	我想改掉磨磨蹭蹭煩惱的自己， 想要成為有行動力的人
行動目標	·自己主動率先動起來 ·起心動念時，在想太多之前先行動再說 ·積極分攤責任給身邊其他人，避免自己背負過多的責任

	最低限度的目標	最高限度的目標
數字目標	·一有想法時，10 秒內就起身行動 ·全力處理某件事時，至少找 1 個人商量或協助	·一有想法時，5 秒內就起身行動 ·找 3～5 人共同處理任務，積極溝通

這個「兩項目標格式」也可用在讀書和工作以外的事物上。這次我們用來想想成為「有行動力的人」的行動目標吧！

與自己的性格和行動有關的話題，比讀書和工作更抽象，所以很難化為數字目標。這種時候試著問自己：「立刻起身行動，需要多少時間決定呢？」等問題，設定自己能夠達成的數字目標吧！

挑戰準備清單
事前掌握正面與負面的狀況再挑戰

想要進行新挑戰時，各位會做什麼準備？

《孫子兵法》提到「知己知彼，百戰百勝」。透澈的了解、整理自己和自己所處的環境，在這種時候也很重要。

個人狀況有正面也有負面，沒有人全都只有負面狀況，也沒有人全都只有正面狀況，重要的是事前必須澈底掌握這兩面。在進行大考、重要簡報、創業等重大挑戰之前，必須先整理自己的狀況，而這種時候最有用處的就是這個表格。現在想要挑戰新事物的人、沒有這種打算的人，都請務必多加利用這個表格，做好挑戰的準備。

主題	為了利用公司提供的海外留學制度，托福要拿 100 分

Q1 自己的環境如何？

正面	可利用上下班前後的通勤時間	負面	平日的早上～晚上 10 點左右幾乎都在工作

▼

Q2 自己的經驗如何？

正面	對大學入學考試程度的英文有自信	負面	在學期間沒有留學經驗

▼

Q3 自己的內在（強項、弱項）如何？

正面	相對來說喜歡學習英文	負面	最近經常敗給智慧型手機的誘惑

使用方式

Step 1 ▶ 針對自己所處的環境，寫下挑戰時的正面與負面狀況。

Step 2 ▶ 針對自己過去的經驗，寫下挑戰時的正面與負面狀況。

Step 3 ▶ 針對自己內在、自己心中的強項與弱項，寫下挑戰時的正面與負面狀況。

(基本的思考模板)

套用這個表格希望各位知道的是，乍看之下負面的事物，換個角度也有可能變成正面。

舉例來說，你想要「通過英文證照考試」，假設你有小孩，你會怎麼做？有的人有時間與孩子相處，卻無法空出時間準備考試；有些人是小孩也上英語會話補習班，所以跟著孩子一起學英文，把孩子當成對手。你或許有「想學英文卻沒有出過國」的負面因素，但因為你有很多出過國的朋友，或是因為之前沒有接觸過外文，所以你有正面的

影響力，能夠以全新的心態迎向挑戰。

主要是你抱持著什麼心態。凡事都有正反兩面，事前掌握這兩面，心態上會輕鬆許多。

(進階思考)

全部寫好後，請想想怎麼利用正面影響力、怎麼消除負面影響力。好好整理過之後，現在應該能確切知道自己要做什麼了，你會想到「暫時把孩子寄放在父母那兒」、「雇用保母」等方法。

只要能夠像這樣整理事物，就有辦法挑戰更多目標。

✒ 這裡是關鍵！〔想一想自己的內在〕

挑戰最終還是在對抗自己的心。直到最後都不放棄，全力以赴，就是終極目標。

當你能夠這樣想的時候，我們來思考面對這項挑戰的正面與負面影響吧！這麼一來，你也能夠客觀審視自己，腳踏實的持續挑戰。

Q3 自己的內在（強項、弱項）如何？	
正面 相對來說喜歡學習英文	負面 最近經常敗給智慧型手機的誘惑

01 挑戰「仰臥推舉 100 公斤」

這個案例是利用前一頁介紹的「挑戰準備清單」，思考仰臥推舉 100 公斤的挑戰。

沒做過仰臥推舉的人或許不懂，能否舉起自己的目標重量，主要是受到當天身體狀況的影響（不懂的人可以想像跑 50 公尺田徑的計時），因此體力和疲勞程度、最近的訓練狀況等各種正面、負面因素，都會影響到這項挑戰的結果。

此外，在準備某項挑戰時，自己的性格也是關鍵。比方說，即使安排「每天做 100 次○○」等計畫，不喜歡反覆練習的人也很難按照計畫進行。準備時也要考慮到自己的個性。

主題	仰臥推舉 100 公斤

Q1 自己的環境如何？	
正面：最近加入 24 小時營業的健身房	負面：平日下班就累癱了

▼

Q2 自己的經驗如何？	
正面：國高中時期在游泳社有肌力訓練的經驗	負面：大學時代幾乎沒在訓練

▼

Q3 自己的內在（強項、弱項）如何？	
正面：喜歡運動，枯燥的訓練也能夠堅持下去	負面：只要蹺掉過一次練習，就會經常想要偷懶

02 創業挑戰的準備

接著是挑戰創業。

道理大家都明白，創業不只是看個人能力，旁人的協助與自己身處的環境等也很重要。

不能只是有「我想試試創業」的概念，必須掌握創業所需的環境、有利的知識與證照、適合創業的性格等，再來想想要怎麼挑戰。

主題	在學期間創業		
Q1 自己的環境如何？			
正面	加入了創業社團，有很多夥伴	負面	大學課業忙碌，很難空出時間
Q2 自己的經驗如何？			
正面	當過創新企業的實習生	負面	就讀文學院，缺少企管科系的履歷
Q3 自己的內在（強項、弱項）如何？			
正面	喜歡挑戰新事物	負面	很容易膩，無法持續同一件事

03 使用影音教材學習的準備

主題	想要挑戰影音教材		
Q1 自己的環境如何？			
正面	・一個人讀書時進度很快 ・不懂的領域馬上就能學會	負面	不懂的地方無法第一時間發問
Q2 自己的經驗如何？			
正面	・注意力不集中時馬上就會被發現 ・可以按照自己的步調學習	負面	・自我管理很困難 ・可能忽略紙本學習
Q3 自己的內在（強項、弱項）如何？			
正面	缺乏對手存在，能夠不斷成長	負面	很緊張，無法用功，因此成績反而不如預期

接下來的案例是考慮用最近幾年人氣很高的影音教材學習時的挑戰準備清單。

這個案例也提到，透過影音教材學習有很多好處與壞處，此外，適不適合這種方式，也受到使用者的性格、平常讀書的風格影響，因此最重要的是比較環境好壞與自身感受，再來決定是否嘗試。

PART 6

閱讀解析力

何謂閱讀解析力？

「閱讀解析力」是讀取對方的意圖，而且能夠以一句話歸納對方意圖的能力。說得更簡單些就是能夠讀對文章詞句意思的能力。

我相信這種經驗每個人都有過一兩次吧？當你讀完一本內容很長的書之後，心想：「呼，終於看完了。」但其他人問你：「你看完那本書有什麼收穫？」你卻答不上來。為了避免這種情形發生，我們必須掌握解讀文章的關鍵，只要理解「作者想說的是這個」，不管多長的文章應該都能看懂。

這件事說來丟臉，但我直到升上國中，文章的閱讀解析能力還是很差。國文的期中考、期末考出現關於角色心情的選擇題時，我一定會選錯，選成絕對不可能的答案。

我想各位應該都看過或解過這種題型——「下列哪個選項最適合形容 A 此時的心情？」

我遇到這種題目總是會想：「人的心情哪有正確答案？拿這個來出題太不合理了。」但是仔細看過文章後就會發現文中存在著邏輯脈絡，也有造成那種心情的原因。

這樣的閱讀解析力在閱讀國文文章以外的場合當然也大有幫助。我們人類的溝通有很大一部分是靠「對話」，聽完對方講的話，能夠正確理解他的意思非常重要。

提高閱讀解析力的思考模板

本章將介紹 3 個提高「閱讀解析力」的思考模板。

18 ABC 記憶框架

別只是寫筆記，要從各種角度整理你的筆記。

19 問題分析框架

把事物相關的抽象問題細分，換成更具體的文字。

20 分層思考框架

討論任何事情，無法整合每個人的意見時，需要統一層次解決問題。

善用這些思考模板，正確理解原本沒有交集的討論，以及沒完沒了的難懂文章吧！

ABC記憶框架

一個寫筆記的方法就能夠大幅改變既有的知識量？

我想各位都有過這種經驗——聽人說話或看書時，多數人都會想要把那些知識變成是自己的東西，但是事後回想才發現自己什麼也不記得。為了防止這種情形發生，最重要的就是要寫筆記提供事後回顧，最好是時間久了仍然一看到筆記就想起來。

那麼，怎麼寫筆記最方便事後回顧呢？

只列出看到、聽到的內容，這種筆記與方便回顧的筆記之間有什麼不同？「ABC記憶框架」是參考東大生寫筆記的技巧創造出的寫筆記方式，各位在寫筆記時也請參考看看。

筆記內容
P127　「幻象才是現實」沒錯／P144　「還不如公務員」這是認知偏差 P149　什麼意思？婦人同盟要有什麼？「各種組織化的方法」是？ →要防止將某個組織專業化，導致某些規則只適用於這個組織。從不同地方加入多項要素，防止只偏向一方的偏見產生。 　最近表面上看來組織沒有階級化，結果內在還是一樣。 竹刷型：有共同的基礎／章魚壺型：沒有共同的基礎，因此無法向外推廣。 缺乏共同的基礎，只是不同屬性集合在一起。少了共同的基礎，成為組織之後，內部就會形成階級。 不是藉由某個屬性養成習慣，而是集結各自擁有的零件合成，好像會變成好東西？就像這種感覺。 分析現實之後，累積符合的理想？或是先主張理想，再接近現實？

A「理論：重要的關鍵字」	B「情感：有趣的關鍵字」	C「理解：個人的心得」
・竹刷型、章魚壺型 ・「既存」與「變成」	・「幻象才是現實」 ・共同基礎的有無	日本的學問不是從共同基礎衍生的「竹刷型」，而是發展成過度專業分工化的「章魚壺型」。

使用方式

Step 1 ▸ 按照平常的方式寫筆記，用什麼形式都無所謂。

Step 2 ▸ 寫筆記時，多次強調的詞彙或認為重要的關鍵字，在 A 欄位寫下說明。
（這裡雖然說是關鍵字，但如果不是詞彙而是句子也可以）

Step 3 ▸ 寫筆記時，自己覺得感動或有趣的關鍵字及說明，寫在 B 欄位。
（這裡雖然說是關鍵字，但如果不是詞彙而是句子也可以）

Step 4 ▸ 延續 Step 1～Step 3，把自己的歸納整理在 C 欄位（摘要在 400 字以內）

（基本的思考模板）

　　在 Step 2 寫的關鍵字要盡可能濃縮成一兩個就好，只寫自己認為最重要的字句。很多時候，乍看之下有很多關鍵字，但其實都可以用一個關鍵字代替，或是包含在說明中。比方說，看到「學英文打穩基礎最重要，所以訓練字彙與文法吧！」這類文章時，這句話的關鍵字就在「打穩基礎」，而「學英文」、「字彙」、「文法」都是在解釋「打穩基礎」。就像這樣，不管是什麼文章句子，關鍵字都是唯一的主角，利用這個思考模板練習找出關鍵字吧！

　　另外，寫下打動自己的事物較容易記住。想要固定記憶，必須要有記憶的掛勾，接著再把內容濃縮在 400 字以內，就不會忘記了。

（進階思考）

　　你認為關鍵字超過兩個時，請想想這些關鍵字的關聯，明白這幾個關鍵字闡述的是什麼樣的關係，應該就能夠看出對方想說什麼了。

💡 這裡是關鍵！〔摘要〕

　　用簡短的字句表達很重要，也是最困難的一點。也因為如此，我們才要利用前面的 ABC。發揮用 ABC 寫筆記的優點即可。

　　此外，最重要的是「寫的時候要像在對第一次接觸這些內容的人說話」。懂得摘要重點給第一次聽的人且對方能夠聽懂，自然也會正確解讀分析。

C「理解：個人的心得」
日本的學問不是從共同基礎衍生的「竹刷型」，而是發展成過度專業分工化的「章魚壺型」。

01 教育歧視問題的文章摘要

這個案例是利用前一頁介紹的「ABC 記憶框架」，摘要教育歧視問題的文章。

這個思考模板先從「筆記內容」的步驟開始，因此寫得很口語又瑣碎。

在一大段亂糟糟的筆記中，找出文章主要在強調的關鍵字，以及打動自己的內容，寫在底下的欄位。

這個案例中的「用功的孩子被當成傻瓜，成了被霸凌的對象」這項事實，我在第一時間看到時感到很生氣。這類自己感受到的情感，對記憶來說也很重要。

最後的「個人的心得」部分，要把文章內容盡可能簡潔歸納。透過這個過程，不單是能夠幫助你記住知識，也能夠提高你的摘要能力，可謂一石二鳥。

筆記內容

現在坊間經常聽到「教育階級差異」這個詞。這種歧視事實上包含了許多種類型，多數人或許以為是經濟上的貧富差距，但我認為大家容易忽略的是「觀念差異」，換句話說，小時候家裡是否具有「讀書有價值」的觀念，差別很大。在首都附近出生長大、習慣應付考試念書的人，或許不懂這種差別。我舉個實際的例子吧！我的老家非常鄉下，上大學的人真的很少，我的親戚中也沒有人是大學畢業的，我是靠著勤勉向學，拿到獎學金，才好不容易進入大學，因此等我大學畢業回到家鄉，在當地從事教育工作，才驚覺會念書的孩子反而被當成傻瓜，成了被霸凌的對象。我慶幸自己很幸運。沒有機會念書、只能吃苦的父母願意從小就投資在我的教育上，讓我去讀搭電車單程就要 1 個小時的國高中一貫學校。處於這樣的家庭和學校環境，倘若意志力不夠堅強，就無法維持「讀書有價值」的想法。就像人家說的「近朱者赤，近墨者黑」，我認為多數人，尤其是孩子的姿態和性格，會逐漸受到周遭環境影響而改變。

A「理論：重要的關鍵字」	B「情感：有趣的關鍵字」	C「理解：個人的心得」
・教育階級差異	・會念書的孩子被當成傻瓜，成了被霸凌的對象 ・多數人，尤其是孩子的姿態和性格，會逐漸受到周遭環境影響而改變	教育階級差異包含各種類型。多數人或許以為是經濟上的貧富差距，容易忽略觀念差異。小時候家裡是否具有「讀書有價值」的觀念，差別很大。作者的老家在鄉下，把會念書的孩子當成傻瓜、當成霸凌對象。多數人（尤其是孩子）的姿態和性格，會受到周遭環境影響。

02 心理學相關文章的摘要

接著我們用思考模板來解讀心理學的相關文章。

不只是心理學，任何學問都一樣，學院派的書籍會大量使用專業術語，因此只讀 1 遍很難完全讀懂。

但是只要利用這個思考模板，把不太懂的地方寫進筆記，就可以事後重新查過或複習。查詢關鍵字，更深入且正確的理解吧！

筆記內容
心理學有許多將氣質與性格分類的嘗試。 德國精神科醫生恩斯特・克雷奇默（Ernst Kretschmer）根據臨床經驗提出體格類型理論，認為體型與性格有關。 矮胖型（Pyknic Type）易動感情，善與人相處，性格圓融。 細長型（Asthenic Type）內向，不善交際，性格敏感又不夠機靈。 運動型（Athletic Type）執著，嚴謹，處事不夠圓滑。

A「理論：重要的關鍵字」	B「情感：有趣的關鍵字」	C「理解：個人的心得」
・克雷奇默 ・體格類型理論	・體格與性格有關 ・執著	・當時的心理學家使用從臨床經驗導出理論的方法 ・其中克雷奇默主張「體格類型理論」，認為氣質與性格會配合體型而不同

03 說明文的寫法摘要

筆記內容
・文章的重心擺在哪裡，給人的印象也會大不相同 ・寫後記：想想結果到底想說什麼、最後要怎麼收尾 　後記＝主張＋目的 ・報告、會議紀錄：目的是為了共享資訊，沒有其他原因 ・想不出、無法歸納出想說的事情嗎？→既然這樣，最好不要寫／有很多想寫的→濃縮成 1 個 ・為什麼想不出、無法歸納出想說的事情？→沒有值得寫的內容 ・寫文章需要練習「換句話說」。接續：也就是說、問題是、所以 ・文章的分類：同位語型、因果型、對比型

A「理論：重要的關鍵字」	B「情感：有趣的關鍵字」	C「理解：個人的心得」
文章的重心放在哪裡？	想不出想說的內容時：不必勉強自己寫	・寫文章時首先要釐清，這篇文章扮演的角色是什麼？透過文章想傳達什麼？ ・無法歸納出想說的事情時，用不著立刻動筆寫，可以先進行調查等

最後我們來整理作文中的說明文寫法。

這個案例故意用條列的方式寫筆記。說到寫筆記，每個人的方式都不同，沒有寫筆記習慣的人或許可以透過這個思考模板的案例，建立自己寫筆記的方式。

關鍵字不一定要是一個詞彙，就像這個案例一樣，用一句話表達更簡單易懂。

問題分析框架
把不懂的「問題」拆解到能夠理解的程度

　　思考問題時絕對需要「拆解」。「為什麼這個小組的成員經常起爭執？」這個問題怎麼想破頭也想不出答案，但如果把「這個小組」拆解成「A、B、C、D組成的小組」，把「起爭執」拆解成「交辦工作時容易發生衝突」，我想就不難思考了。就像這樣，思考問題時先動手拆解，這是不變的原則。

　　這種情形套用在課業上也一樣；即使遇到困難的數學問答題，只要拆解題目，找出要求什麼，再一一思考，你就會發現很多都像課本的基本題型，只要反覆練習就能解出來。遇到難題時，弄清楚如何拆解更重要。

問題	如何增加英文單字量？

問題拆解 A	問題拆解 B	問題拆解 C
深入理解單字	增加成語、慣用語的知識	從實際使用的英文吸收詞彙

答案1	利用單字本掌握單字的原始定義，並一一仔細理解，學會怎麼使用。

答案2	從單字的意思了解慣用語，實際用在朗讀和英文作文等，加深印象。

答案3	反覆練習長篇閱讀測驗，每次看到不知道的單字，就能夠增加知識。

使用方式

Step 1 ▸ 寫下自己想要思考的問題。

Step 2 ▸ 把問題拆解後，換句話說，將當中最具體的要素具體化。

Step 3 ▸ 把具體化的每個要素一一組合，變成新問題後寫下。

Step 4 ▸ 思考答案。

(基本的思考模板)

　　以這種方式進行，就能夠將抽象的問題變得具體。「這個小組」或「起爭執」等不夠具體，無法釐清問題的起因，具體化之後，才能夠找出答案。

　　事實上，東大的國文考題也要用這種方式解題；在題目部分畫上斜線，把拆解的要素換句話說，找出問題的答案。拆解問題導出答案，是東大生也在做的正統做法。

　　此外，遇到「不知道該如何具體化的情況」時，具體化還是很重要。舉例來說，「交辦工作時容易發生衝突」應該能夠變得更具體，像是「什麼樣的工作？」、「用什麼方式交辦？」、「衝突是什麼樣的衝突？」諸如此類。把這些含糊不清的部分都徹底整理過，這麼一來答案也會浮上檯面。

(進階思考)

　　像這樣拆解之後，有時能看到不只一個答案；因為要素增加了，答案也會跟著增加。

　　這種時候沒必要刻意濃縮成一個答案，反而要思考出更多答案。

🎯 這裡是關鍵！〔**仔細拆解問題**〕

　　拆解時，怎麼分割問題很重要。如何拆解才會得到答案？相反的，自己煩惱的部分到底是哪裡？徹底思考後就拆解吧！只要學會了拆解，問題就解決一半，剩下的就是面對每項拆解的問題找出答案。

問題拆解 A	問題拆解 B	問題拆解 C
深入理解單字	增加成語、慣用語的知識	從實際使用的英文吸收詞彙

PART
6

閱讀解析力

01 電影不能當作國文教材的原因

這個案例是利用前一頁介紹的「問題分析框架」，把「電影不能當作國文教材的原因」具體化之後再來思考。

首先我想問各位，對於「為什麼不能使用電影當教材？」這個問題有什麼想法？我相信有些人也持同樣的意見，也有人沒有想過這個問題。就像這樣，也可以選擇簡單的問題，比方說「自己好奇的事物」，沒必要與其他人提出一樣的問題。

除了這個案例之外，「國文教材要求什麼樣的內容？」、「不能使用電影是什麼狀況？」像這樣繼續深入問題本身也很重要。思考哪裡有問題，再把問題細分成能夠得出答案的程度，再來只要根據每個問題找出答案再歸納就好。

問題	為什麼國文教材不能使用電影？		
	問題拆解 A	**問題拆解 B**	**問題拆解 C**
	國文教材 ＝教育部規範的、適合教育的評論、小說、古典文學作品	不能使用電影 ＝因為有其他可以使用的作品 ＝沒有必要使用電影	具體來說因為什麼原因不能使用？
答案1	電影作品有粗鄙的演出和用詞，可能不適合教育。		
答案2	人氣高的電影作品很多人都知道，沒有必要特地拿到教育現場當教材。		
答案3	小說和古典文學作品是多數學生沒有接觸過的東西，過去沒有接觸過的作品如何解釋，這些都是學習的內容。電影作品很可能大家都知道劇情，無法從作品中訓練解讀能力。		

02 團隊的人際關係問題

接著是套用這個「問題分析框架」幫助思考生活中的問題。

不管是在學校或職場，經常發生人際關係的問題。想要解決這個問題固然好，但如果沒有釐清原因就想解決，多半反而只會火上加油。

前面也提過，處理日常生活問題時，最重要的還是先拆解再思考。

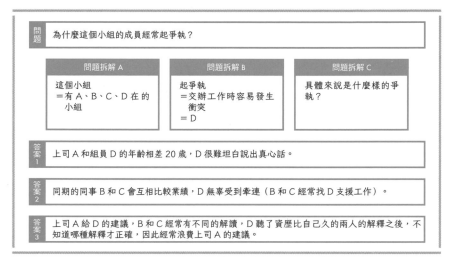

問題	為什麼這個小組的成員經常起爭執？

問題拆解 A	問題拆解 B	問題拆解 C
這個小組 ＝有 A、B、C、D 在的小組	起爭執 ＝交辦工作時容易發生衝突 ＝ D	具體來說是什麼樣的爭執？

答案1	上司 A 和組員 D 的年齡相差 20 歲，D 很難坦白說出真心話。
答案2	同期的同事 B 和 C 會互相比較業績，D 無辜受到牽連（B 和 C 經常找 D 支援工作）。
答案3	上司 A 給 D 的建議，B 和 C 經常有不同的解讀，D 聽了資歷比自己久的兩人的解釋之後，不知道哪種解釋才正確，因此經常浪費上司 A 的建議。

03 不允許重考的原因

問題	為什麼多數人反對重考？

問題拆解 A	問題拆解 B	問題拆解 C
重考 ＝選擇比平常進大學的年紀晚 1 年以上入學	多數人反對 ＝過著不安定的無業遊民生活並逐漸老去 ＝不是世人普遍的選擇	為什麼受到反對？

答案1	脫離世間常軌，導致當事人未來的出路選項受到限制。
答案2	哪怕自己已經在賺錢，還是會被解釋成不工作、跟父母拿錢的不孝子女。
答案3	與一般人採取不一樣的行動，容易嫉妒在那個年紀已經工作過或在工作的人。

最後是利用這個思考模板想想「重考」這個選項是否可行。

我身邊有很多重考上大學的人，想法成熟又優秀，但是在學校教育來說，多數人還是認為最好盡量不要重考。

在思考原因時，拆解也很重要。這個案例不是重考本身有問題，而是必須考慮到對今後有什麼影響，才能夠更加深入分析問題。

分層思考框架

不同層次的討論已經不是討論

你是否也有過在討論時「話題完全對不上」的經驗？這恐怕是因為對話的層次不同所導致。發生「公司的營業額下滑」的問題時，有人說「必須削減成本」，也有人說「必須發折價券」，假如讓這兩人對話，肯定無法解決問題，因為他們在說的事情根本上就不一樣；削減成本與提高銷售收入是同一層次的事，但是發折價券是為了提高營業額，所以前面必須先討論「削減成本？或是提高銷售收入？哪個優先呢？」才會回答「發折價券」。

像這樣在不同層次的狀態下繼續對話，也只是兩條平行線，因此我們要使用這裡介紹的思考模板，讓雙方的討論在相同層次上吧！

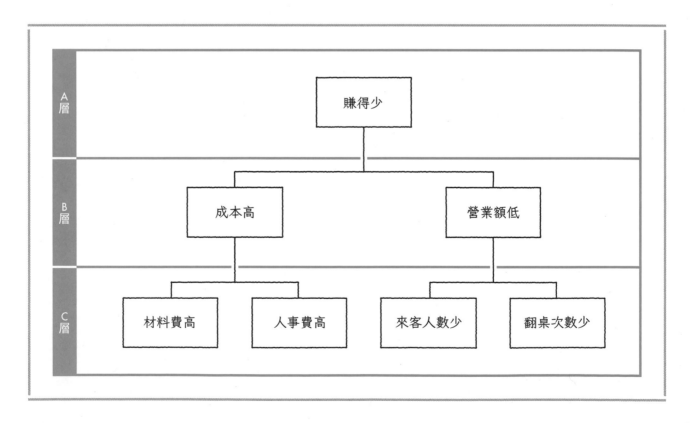

使用方式

Step 1 ▸ 在 A 層寫上一個抽象的大題目。

Step 2 ▸ 在 B 層寫上 A 層題目拆解後的具體內容。
太具體的場合，就寫在 C 層。

Step 3 ▸ 在 C 層寫上 B 層更進一步具體化的內容。
此時，如果內容好像是屬於 B 層，就重新分配各層的內容。

〔 基本的思考模板 〕

東大生十分注意談話的分層，經常在對話中出現「剛才講到的話題是不同層面的事情」，努力讓對話在相同層次上。

因此同樣的，各位也要練習讓雙方的對話層次相符合。套用這個思考模板，重新分配層次，就能夠好好整理。

整理好層次後，接下來就是進行討論，比較同屬 B 層的內容，比較同屬 C 層的內容，站在同一層思考。

有時也要注意比現在正在討論的事情高一層的內容。比方說，大家正在討論「薪水少」，「這與『可用的經費少』是同一層的話題，合併兩者變成『公司減少了花在員工身上的錢』，就成為上一層的問題了」這個假設就能夠成立。參考這種方式跨層思考吧！

〔 進階思考 〕

分層逐漸增加也很好，不是只有 A、B、C 層，繼續往上或往下擴充吧！當然隨便擴充也會失去意義，仔細整理過再分層，想法也會經過整理。別過度受到這個思考模板侷限，自行深入探索各層吧！

💡 這裡是關鍵！〔 **拆解抽象內容** 〕

寫 A 層或許最困難。拆解抽象事物在任何場合都很難。

可是一開始不習慣，做著做著也就學會了。拆解順利的話，後面就會愈輕鬆，所以先嘗試拆解，失敗了重新來過就好，用這種心態試試吧！

01 數學偏差值無法提升的原因

　　這個案例是利用前一頁介紹的「分層思考框架」，探討數學偏差值無法提升的原因。

　　考試分數愈高，偏差值也會愈高，因此「偏差值無法提升」的問題，與「無法拿到分數」的意義相同，原因就列在下一層，包括「不懂題目的意思」、「解不完」等。

　　看了這個案例就能明白，層次的差別在於，能夠判斷這是否為上一層問題的原因。舉例來說，「無法拿到數學分數」的原因是因為「不懂題目的意思」，而「不懂題目的意思」原因是「基本學力」、「閱讀分析力」不夠。

　　各位在分層思考問題時，也要注意能夠解釋情況的事物與起因。

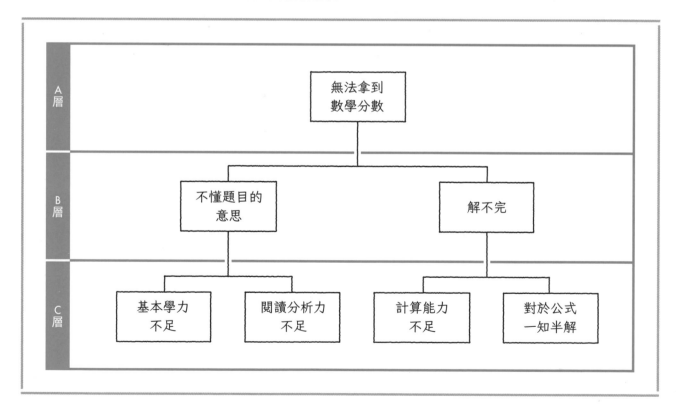

02 找工作不順利的原因

接著是利用這個「分層思考框架」討論找工作。

A 層很簡單寫著「找工作不順利」，原因是下一層的「資訊太少」、「缺乏動力」。這一層的原因因人而異。

分層這樣看起來很簡單吧？按照這種方式分層，你就會清楚看到自己該從哪裡下手思考，請各位務必試試。

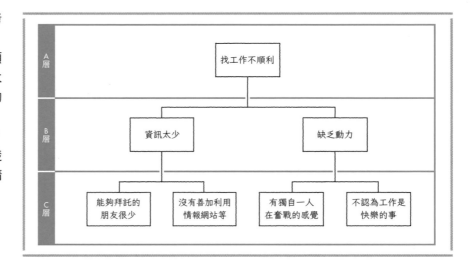

03 遲到的原因

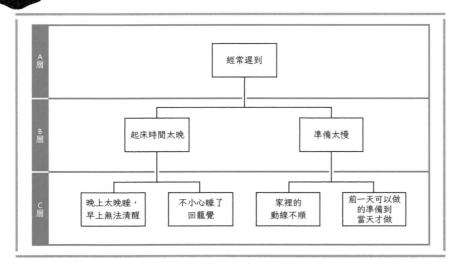

最後是利用這個思考模板想想遲到問題。

閱讀本書的讀者之中，我想應該也有些人是不自覺就上課、上班或與朋友相約遲到。

遲到的原因因人而異。有的人明明在來得及的時間起床，卻花太多時間準備，不自覺就遲到。

這件事不只是「早起」就能解決，也要掌握遲到的原因，積極改善吧！

PART 7

記憶力

何謂記憶力？

「記憶」事物到底是什麼意思？「記憶」這個詞多半當成「記住自己過去體驗過、看過、聽過的資訊或情況，沒有遺忘」的意思在使用，腦袋記住多少事情的尺度，就稱為「記憶力」（記性）好或差。

本書的讀者之中，相信有不少人都想著：「我希望自己的記憶力變好。」簡單一想，我認為我們記住沒忘的資訊其實很多。

但事實上每個人能夠記住這些事物的腦容量，差異並不大。我高中時以為：「東大生的記憶力一定很強吧！」現在與東大生談過之後就會發現，他們也經常忘記或記錯與朋友相約的時間，或忘了前一天吃什麼。

如果單純比較記住事物的記憶力，東大生並沒有比較厲害。

事實上東大生能夠記住大量的資訊，原因是他們懂得整理「應該記住哪些」，曉得哪些東西不必去記；他們理解「這部分必須記住」，也有能力瞬間判斷「這部分不需要記住」，所以一般人才會覺得他們的「記憶力很好」。

提高記憶力的思考模板

本章將介紹 3 個提高「記憶力」的思考模板。

21 狀況摘要格式

自己簡單歸納出複雜的事物，養成摘要的能力。

22 矩陣圖

設定橫軸與縱軸，將各種事物的正面與負面分別變成數字後再整理。

23 誰、做什麼、怎麼做格式

遇到難以理解的狀況時，加上主語、述語、賓語，就能夠簡單說明。

接下來要介紹的思考模板，我想會大大改變各位對「記憶力」的印象，但是把複雜的事物變簡單的系統，就是把有限的腦容量發揮到極限的關鍵。

狀況摘要格式

正確理解並傳達事物的關鍵就在摘要

能夠用一句話歸納重點的能力,稱為「摘要力」。所謂的「摘要」就是思考這段內容究竟想要表達什麼,並簡單歸納成一句話的過程。能夠做到這點,不管聽到什麼,都能夠在腦中整理過,歸納得更簡單。

東大生應考時通常會將許多科目的課本內容整理出摘要,東京大學的各個考科也會考摘要題。

摘要可說是學習之王,而且不只能用在課業上,對於工作和其他任務也有很大的幫助。身處資訊錯綜複雜的世界,有能力將某事物或狀況簡單歸納成重要資訊,十分重要,因此這裡將利用「狀況摘要格式」為各位示範如何寫出摘要。

狀況A	· 為了打破努力卻沒有成果的狀況,進行「目標達成思考」 · 「分析現狀」、「掌握理想」、「建立方法論」3 階段
狀況B	關於分析現狀 · 心情不可以因眼前的狀況而起伏 · 把問題拆解成好處理的小問題並分析理由 · 看著已經完成的部分與理由很重要
狀況C	關於掌握理想 · 不可以選擇輕鬆的理想逃避 · 有點難度才好 · 在自己心中確立選擇這個理想的理由,判斷是否可行 · 設定數字目標,連結未來的現狀分析
狀況D	關於建立方法論 · 寫出所有應該做、想做的事,整理出相關性 · 鎖定真正該做的事 · 根據花費的時間、與理想的距離,決定先後順序 · 隨時找尋改善之處,持續修正 · 有充裕的時間很重要

變化理由

為了打破努力卻沒成果的狀況,必須進行「目標達成思考」。

目標達成思考包括「分析現狀」、「掌握理想」、「建立方法論」3 階段。

「分析現狀」是指情緒不受到眼前的狀況影響,把失敗拆解成好處理的小問題,分析理由。

此時,注意已經完成的部分與其理由也很重要。

「掌握理想」是指不選擇輕鬆的理想逃避,有點難度感覺剛好。設定好之後,在自己心中確立把那個目標當成理想的理由,並判斷是否可行。

此外,設定數字目標也關係到未來的現狀分析。

「建立方法論」是寫下所有該做、想做的事,分門別類整理後,篩選出真正該做的事情。

根據花費的時間、與理想的距離決定先後順序,實踐過程中隨時找出改善之處,持續修正。安排充裕的時間進行很重要。

使用方式

Step 1 ▸ 不管是按照起承轉合的順序，或時間順序，或聽到的順序都沒關係，總之整理完作筆記。

Step 2 ▸ 分成大約 4 個段落，歸納出每個段落的要素，再仔細重新讀過。

Step 3 ▸ 全部歸納完畢後，寫出摘要。

（基本的思考模板）

想要一口氣做完整篇文章的摘要很困難，比較建議依序整理每個段落的摘要，再整合成一個總摘要。

你或許會認為「我沒辦法把 4 段摘要整理成 1 段」，但不管是任何文章或課程，都有前後呼應的訊息。寫文章是想要訴說某件事，因此重讀 4 段摘要的內容，找出共通之處或前後呼應的主題，應該就能夠整合出一個摘要。

另外一個分段做摘要的建議就是，看過開頭和結尾的段落會更容易整理出摘要，因為開頭提到的主題多半會在最後一段重申一遍，只要抓到主題，寫出摘要也就更簡單。

（進階思考）

假如你仍然覺得摘要很難，其實就是「想想自己學到了什麼」並且用一句話說明，「我因此知道○○是××」這種程度就足夠。叫你想出一句話，我相信你會知道摘要就是最重要的訊息。或許有人覺得自己「什麼也沒學到」，但任何文章一定都會有新發現，你就把重點擺在那裡，想想如何寫出摘要吧！

🎯 這裡是關鍵！〔做摘要〕

不管是文章或其他內容，只要掌握頭尾呼應的訊息，你會更容易了解狀況；如果只顧著注意具體的例子，反而會難以理解。仔細想想「這篇文章最想傳達的到底是什麼」，學會將抽象訊息整理出摘要！具體例子充其量不過是那些訊息的裝飾品。

變化理由

為了打破努力卻沒成果的狀況，必須進行「目標達成思考」。
目標達成思考包括「分析現狀」、「掌握理想」、「建立方法論」3 階段。
「分析現狀」是指情緒不受到眼前的狀況影響，把失敗拆解成好處理的小問題，分析理由。
此時，注意已經完成的部分與其理由也很重要。
「掌握理想」是指不選擇輕鬆的理想逃避，有

01 寫出超人氣故事的摘要

這個案例是利用前一頁介紹的「狀況摘要格式」，嘗試寫出某部超人氣故事的摘要。

我想應該有很多人都是「我很不會寫國文、英文的摘要題，所以不太想做，但如果是電影或電視劇就很樂意試試」，於是第一個案例決定做這個。

不少人都認為「寫出摘要」很難。朋友對你說：「告訴我這個故事大概在講什麼」，我相信多數人都會很煩惱，沒辦法立刻回答吧！

但是看過這個案例的摘要後，你覺得如何？就算不太清楚這部作品的人，也很容易記住摘要內容，對吧？

只要像這樣把狀況一一整理之後串在一起，就輕鬆完成摘要了。

			變化理由
狀況 A	・自小父母雙亡的 A 被親戚收養，過著悲慘的生活 ・房間在樓梯底下 ・他的身邊發生各種不可思議的事情，因此其他人視他為怪物	▶	自小父母雙亡的 A 被親戚收養，從小在他身邊就會發生各種不可思議的事情，因此其他人視他為怪物霸凌他。 某天，B 魔法學校的入學邀請函送到手上，親戚反對他入學，他還是去了。 B 學校將學生分配在 4 所宿舍生活，入學當天要決定去哪間宿舍，A 進入與父母一樣的 C 宿舍，並且與同宿舍的 D、E 成為朋友。 A 入學後，名叫 F 的大魔王在學校接二連三製造事端，A 在過程中逐漸得知自己的出身和父母生前的情況。 這是 A 與夥伴們一同挺身對抗 F 的故事。
狀況 B	・某天魔法學校的邀請函送到手上 ・魔法學校的名稱是 B ・親戚反對他入學，他還是去了	▶	
狀況 C	・那所學校設有 4 所宿舍，入學當天要決定去哪間宿舍 ・A 被分配到與父母一樣的 C 宿舍 ・交到 D、E 這兩位朋友	▶	
狀況 D	・F 在學校接二連三製造事端 ・A 在過程中逐漸得知自 F 的出身和父母生前的模樣 ・A 挺身對抗 F	▶	

02 寫出新電玩遊戲宣傳內容的摘要

　　接下來的案例是寫出某公司新電玩遊戲宣傳內容的摘要。

　　我想不少人讀過之後就有感覺，用「第1點」、「第2點」這種條列方式更容易整理出摘要。

　　另外要像「特徵有3」這樣，歸納出恰到好處的數量，不會太多也不會太少。人類的記憶有限，為了避免看的人產生混淆，摘要最好要濃縮成適當的數量。

	變化理由
狀況A ・宣布推出新的電玩遊戲 ・將會大幅影響消費者的生活	A公司宣布推出將會大幅影響消費者生活的全新電玩遊戲。 特徵1是用智慧型手機就能玩。A公司過去推出的電玩遊戲，需要一定水準的硬體設備，入手的門檻較高。但是這款電玩遊戲只要有智慧型手機，下載app就能開始玩，不常打電動的人也能夠輕鬆上手。 特徵2是與真人使用者對戰，不是電腦，可與同一時間登入的其他使用者配對，進行即時對戰，戰鬥場面更熱烈。 最後一項特徵是使用人氣角色IP。目前有計畫推出角色IP的周邊商品，喜歡遊戲的人可以從不同角度享受這套遊戲。
狀況B ・這款遊戲的創新要歸功於智慧型手機的發明 ・與過去講究硬體設備的電玩不同，隨時隨地都可以輕鬆玩 ・有智慧型手機的人，只要下載app就能輕鬆開始玩	
狀況C ・屬於對戰型的遊戲 ・可與同一時間登入的其他使用者配對，進行即時對戰 ・比與電腦對戰更熱烈	
狀況D ・使用人氣角色IP ・計畫推出周邊商品，喜歡遊戲的人可以從不同角度享受這套遊戲	

03 寫出法國大革命的摘要

	變化理由
狀況A ・法國大革命：18世紀後期發生在法國的市民革命 ・廢除「封建制度」 ・發表「人權宣言」，保障人人平等	「法國大革命」是指18世紀後期發生在法國的市民革命，因廢除法國長久以來的「封建制度」，發表「人權宣言」，保障人人平等而聞名。 法國過去存在稱為「舊制度」的階級制度，把人分成「神職人員、貴族、平民」這3種人。神職人員與貴族稱為「特權階級」，可享有各種平民沒有的權利。 對於這種階級制度感到憤慨的激進派「雅各賓派」發起革命，推翻特權階級。其領導人羅伯斯比採行「恐怖統治」，處死眾多的神職人員和貴族。 後來羅伯斯比也遭到下獄處死，法國政局不穩，由拿破崙取得政權，結束混亂。直到拿破崙執政為止的一連串過程，稱為「法國大革命」。
狀況B ・舊制度：法國過去存在的身分制度 ・神職人員、貴族、平民 ・神職人員與貴族稱為特權階級	
狀況C ・反對階級制度的「雅各賓派」主導革命 ・領導人羅伯斯比（Maximilien de Robespierre）採取「恐怖統治」	
狀況D ・羅伯斯比遭處刑，結束了恐怖統治 ・法國大革命直到拿破崙執政後結束	

　　最後我們來看看如何寫出世界最重要的歷史事件之──「法國大革命」的摘要。

　　歷史事件包括原因、狀況、結果，而原因和結果通常不只一個，多數場合都很複雜。

　　想要寫出這類複雜事件的摘要，最重要的就是整理出因果關係，並且按照時間順序排列。這樣的摘要也方便背誦年代，所以請務必試試。

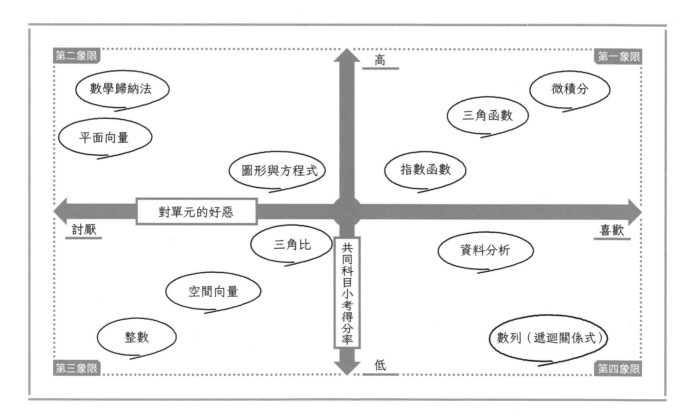

矩陣圖

畫出主觀與客觀的兩軸，整理應該做的事

各位的數學好嗎？我相信應該有不少人不管是以前或現在，數學都不太好。是否也有許多人認為「學數學沒有意義」？我十分明白各位的心情。

但事實上數學十分有助於整理事物。那麼，數學是如何幫助整理？我就利用矩陣圖來說明。

哎呀，討厭數學的各位請等一下，別急著跳過這一節。我雖然說會用到數學，但並不會出現困難的算式，只是要把事物用橫軸和縱軸的圖表整理出正向與負向，所以各位請安心繼續看下去。

第二象限

數學歸納法

平面向量

圖形與方程式

高

第一象限

微積分

三角函數

指數函數

對單元的好惡

討厭

喜歡

三角比

空間向量

整數

共同科目小考得分率

資料分析

數列（遞迴關係式）

第三象限

低

第四象限

Step 1 ▸ 橫軸是主觀的內容，例如：「想做的事」、「喜歡、討厭的事物」等。

Step 2 ▸ 縱軸是客觀的內容，例如：「對自己有幫助、沒有幫助的事物」、「擅長、不擅長的事物」等。

Step 3 ▸ 把自己目前的課業或工作標示在矩陣圖上。

(基本的思考模板)

主觀與客觀很容易不一致，「喜歡的學科成績卻不好」、「當成工作很有趣，但對公司沒有幫助，無法提升評比成績」等情況十分常見。

重要的是，要把這種不一致可視化，幫助自己看清楚。人總是憑著主觀在行動，老是追求「自己覺得有趣的事」、「自己喜歡的事」，這樣做本身當然沒有什麼不對，但往往得不到成果。客觀審視非做不可的事情，並在心中說服自己「我不喜歡這件事但我必須去做」很重要。

這種情況在數學來說就是「座標」；縱軸與橫軸都是正向的是第一象限，有一軸是負向的是第二象限、第四象限，縱軸與橫軸都是負向的是第三象限。當中的第三象限已經確定是「不做也沒關係」的事物，但第二象限、第四象限必須努力面對。這種地方就需要數學。

(進階思考)

套用矩陣圖時，不能只判斷正向或負向，也必須想想各占多少程度，並分別列出每個項目的優先順序。

🎯 這裡是關鍵！〔**客觀思考**〕

即使叫你從客觀的角度審視自己，你一個人也很難做到。這種時候或許可以諮詢其他人的意見，問問：「我自己（主觀）是這樣認為，你覺得呢？」其他人的意見有時能夠點出自己的盲點，請務必參考。

01 大學選課

這個案例是利用前一頁介紹的「矩陣圖」，想想大學如何選課。

大學的選課不管是領域或內容，跨越的領域都很大，每個人想要修的課程也大不相同。另外，有些課程是現在的自己立刻就能派上用場，有些則是未來才會用上，或者是用不上但很有趣。

選項很多表示選擇很困難，這種時候利用「矩陣圖」思考很有效。

把自己感興趣的課列在圖上，分成「想上的程度」與「有幫助的程度」來思考。自己能選的課與時間都很有限，所以排出優先順序再想想吧！

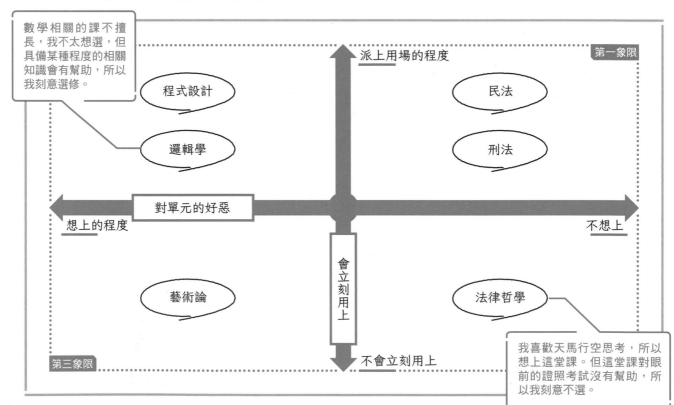

數學相關的課不擅長，我不太想選，但具備某種程度的相關知識會有幫助，所以我刻意選修。

我喜歡天馬行空思考，所以想上這堂課。但這堂課對眼前的證照考試沒有幫助，所以我刻意不選。

02 英文模擬考的結果

接著是利用「矩陣圖」分析英文模擬考的結果。

這個案例中有「不覺得錯很多，卻是這次模擬考成績最低的科目」，也就是自我評價與實際能力出現落差，這種情況並不罕見。

另外，單純喜歡或討厭這個學科，也是相當重要的問題；我們或許很難「喜歡」準備考試，但只要能夠對某個單元產生幹勁，我認為就足夠。

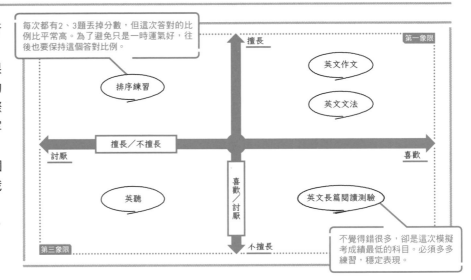

每次都有2、3題丟掉分數，但這次答對的比例比平常高。為了避免只是一時運氣好，往後也要保持這個答對比例。

排序練習

第一象限

英文作文

英文文法

擅長

擅長／不擅長

討厭　　　　　喜歡

喜歡／討厭

英聽

英文長篇閱讀測驗

第三象限

不擅長

不覺得錯很多，卻是這次模擬考成績最低的科目。必須多多練習，穩定表現。

03 創業前的自我分析

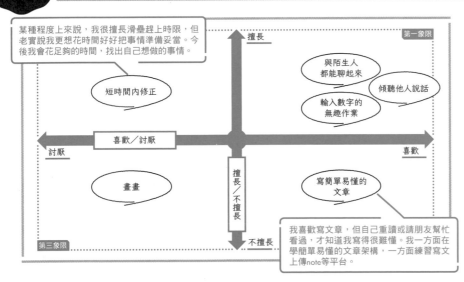

某種程度上來說，我很擅長滑疊趕上時限，但老實說我更想花時間好好把事情準備妥當。今後我會花足夠的時間，找出自己想做的事情。

短時間內修正

第一象限

與陌生人都能聊起來

傾聽他人說話

輸入數字的無趣作業

擅長

喜歡／討厭

討厭　　　　　喜歡

擅長／不擅長

畫畫

寫簡單易懂的文章

第三象限

不擅長

我喜歡寫文章，但自己重讀或請朋友幫忙看過，才知道我寫得很難懂。我一方面在學簡單易懂的文章架構，一方面練習寫文上傳note等平台。

最後是利用這裡的矩陣圖，進行「創業前的自我分析」。

進行這項分析時，最重要的是先想「創業所必須的技能」。

正如這個案例所示，無法變成分數的能力、技能很重要，所以必須整理該做什麼。

利用矩陣圖分析之後，想想要從哪個象限著手。是要克服不擅長還是發揮專長？這部分也會展現個性。

115

誰、做什麼、怎麼做格式

整理出主語、述語、賓語,就能夠簡化事物

事情一團亂的時候,通常就是搞不清楚主語、動詞、賓語的時候。舉例來說,看到「挪動桌子很困擾」這句話,你會想問:「誰挪動了桌子?」、「誰感到困擾?」、「挪動桌子為什麼很困擾?」如果「誰、做什麼、怎麼做」不明確,就會看不懂這句話。如果把句子改成「A 挪動了桌子」、「我不知道哪張是我的桌子,因此感到很困擾」,這麼一來「誰、做什麼、怎麼做」很明確,就更容易明白情況。

與人對話當然不必每次都注意這些地方,太過注意這類細節,反而會影響對話的進行。但是整理狀況時,主語明確很重要。

主題	希望校慶成功

誰	身為 A 班班長的我希望校慶成功。
做什麼	所以積極分配任務給班上同學,督促小組成員同心協力負起責任,準備校慶當天的攤位。
怎麼做	檢查過好幾遍,確定沒有問題。 辦出眾人覺得努力、很值得的校慶。

Step 1 ▸ 整理出誰是主語。

Step 2 ▸ 檢查動詞,確認主語做了什麼。

Step 3 ▸ 動詞整理完,整理剩下的賓語。

〔基本的思考模板〕

多數時候只要知道「誰」、「怎麼做」,就能理解狀況;不管說明有多長,只要找到「我很難過」、「他提出」,就能看懂句子。即使難過的內容說明十分冗長,提出的內容困難到解釋不完,只要抓住主語和動詞,通常就能理解大致上的意思。因此先想想「誰」、「怎麼做」,接著再來整理內容。內容只要找到前面提過的主語和述語,剩下的就很簡單。

更進一步來說,就像前面提到的「挪動了桌子很困擾」,有時會有兩名以上的人物,這種時候就要把這句話重新拆成簡單的兩句話。人物超過兩名的事情只用一句話說,不容易理解,先把一句話拆成兩句話,剩下的應該就不難懂了。

〔進階思考〕

主語和動詞加上說明時,內容要仔細。有時會遇到「當時很興奮的我」、「用力踢了一腳」這種,主語和動詞都有修飾的句子,句子加了修飾就會更具體、更容易看懂。

🖊 這裡是關鍵！〔檢查動詞,確認主語做了什麼〕

最後,只要整理出「主語做了什麼」,情況就不難理解了。

英文也是同樣的順序,開頭先有「I」等「主語」,接著是「play」等「動詞」。主語雖然很好懂,但動詞部分如果不知道意思,就看不懂內容,因此必須想辦法改進這點。

做什麼	所以積極分配任務給班上同學,督促小組成員同心協力負起責任,準備校慶當天的攤位。

01 提升業務部的業績

　　這個案例是利用前一頁介紹的「誰、做什麼、怎麼做格式」，思考如何提升某業務部門的業績。

　　公司裡人人都希望「提升業績」，但只靠氣勢大喊：「提升業績！」業績也不會因此提升。

　　這個思考模板是為了更詳細說明文章，而「深入挖掘」的過程。「業績」是指什麼？「提升業績」又是什麼樣的狀態？提升業績要做什麼？——像這

樣一一拆解後思考、記錄，就能夠更接近目標。

　　這個案例中的「誰」欄位是我，但不見得是我必須一個人完成的內容，尤其是主語不只一個時，情況多半會很複雜，因此很適合使用這個思考模板進行整理。

主題	想要提升業務部的業績

誰	業務部業績最頂尖的我。
做什麼	把自創的業務祕訣，以人人都能實踐的形式分享。 另外也徵詢其他人的使用意見、提供諮詢等。
怎麼做	讓眾人帶著自信跑業務，最後將會提升業務部的整體業績。

提升里民大會的管理效率

接著是利用這個思考模板提升里民大會的管理效率。

與前面的案例一樣，「誰」的欄位這次也是填「我」，但這裡最重要的是「今年當上里長，擁有某種程度的決策權」。有了這段修飾，就能夠解釋為什麼由「我」來進行。

除了記錄進行的內容之外，也一併考慮到背景因素，狀況會更清楚。

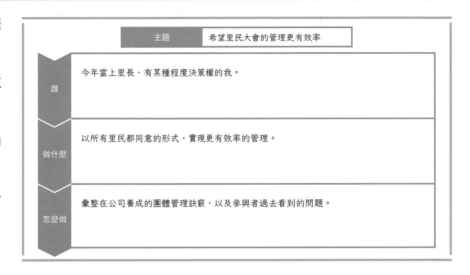

主題	希望里民大會的管理更有效率
誰	今年當上里長、有某種程度決策權的我。
做什麼	以所有里民都同意的形式，實現更有效率的管理。
怎麼做	彙整在公司養成的團體管理訣竅，以及參與者過去看到的問題。

03

幫助朋友贏得電玩大賽的方法

主題	想要幫助 K 贏得業餘電玩大賽
誰	平常第一場就打輸、預賽就被刷掉的 K，以及贏過幾次的我。
做什麼	・問問 K 擅長玩哪個角色，決定使用哪個角色 ・決定後，我和 K 進行多次練習 ・除了我之外，也找來其他朋友，讓不同的對手陪 K 練習
怎麼做	・贏得比賽，獲得第一名　　　・即使無法獲勝，至少也要突破預賽 　　　　　　　　　　　　　　・留下我和 K 都會覺得幸好有練習的大會成績

最後是利用這個思考模板，想想如何幫助朋友贏得電玩大賽。

這個案例的「做什麼」很明確，就是「贏得電玩大賽」，因此這裡最重要的是「怎麼做」。

假如純粹是「練習」不夠，那麼事先決定「要做什麼樣的練習？與誰練習？」起頭就不難了。

想想怎麼做才能夠「獲勝」，並且實際付諸行動吧！

PART 8

取捨力

何謂取捨力？

「取捨」事物究竟是什麼意思？「取捨」這個詞正如字面所示，是當成「選擇好的、必要的，捨棄不必要的事物」的意思在使用。

話說回來，各位是否擅長排列事物的優先順序？我猜恐怕很多人都不擅長吧？多數人都是先求有、再求好，重量不重質，但這麼一來就會多出很多拖累自己的事物。

我建議好好取捨自己該做的事，分辨出應該做的事與不該做的事，想想自己現在最缺乏的是什麼，積極實踐，事情就能夠更有效率的推進。

成為大人後，瑣碎的任務愈來愈多。現在正在閱讀本書的各位之中，我想也有很多人被大量複雜的工作追趕著，「明天之前要做○○，這週之內要做△△，等到□□先生回信，就要進行◇◇……」。

但是，不管量有多麼多、事情有多複雜，必然都存在著應該要做的順序與優先程度的差異。「取捨」雜亂的任務，替原本模糊不清的應做事項排定順序吧！

提高取捨力的思考模板

本章將介紹 4 個提高「取捨力」的思考模板。

24 自訂兩軸矩陣圖

利用兩軸做判斷，用俯瞰的角度看出自己該做的事情。

25 拿手／棘手努力量表

分析自己截至目前為止的努力，避免重蹈覆轍，想想實際上應該做什麼。

26 範本思考框架

想想自己想要成為的模樣，思考應該優先進行的事項，好填補與崇拜對象之間的落差。

27 優先順序／行動計畫格式

應該優先進行的事項落實在行動上，變成可實踐的狀態。

鼓起勇氣做出「不做」的選擇，與思考應做事項同樣重要。請各位務必帶著這種心情進行「取捨」。

自訂兩軸矩陣圖

整理狀況前，先畫矩陣圖

　　矩陣圖是整理事物時很有效的表格，PART 7 也提過，我在這裡再說一次，矩陣圖這個思考模板的使用方式，是先畫出兩軸，把事物分配在兩軸劃分出的 4 個象限中，整理每件事的所在位置。不管是正向或負向、優先順序高或低、影響力大或小，各種場合都可以使用矩陣圖整理事物。

　　這裡介紹的矩陣圖，是由勉強拼湊出的兩軸所構成，稱為「自訂兩軸矩陣圖」，是從 112 頁介紹的「矩陣圖」進一步延伸出來，在「設定兩軸」階段就必須自己作主。

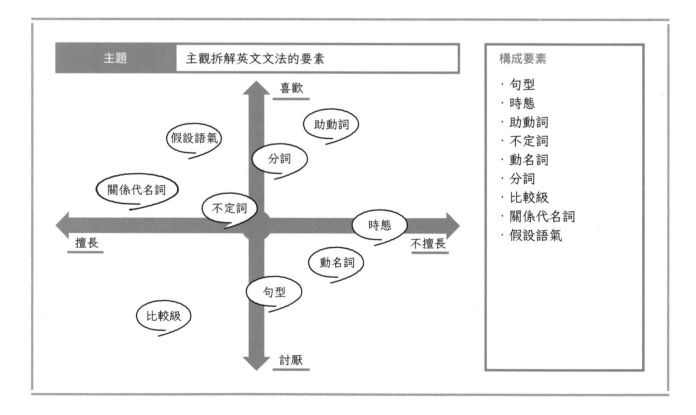

使用方式

Step **1** ▸ 總之先列出想要當作題材、畫成圖表的事項。

Step **2** ▸ 看看列出的內容，設定兩軸。

Step **3** ▸ 思考各要素分別放在兩軸的哪裡，
想想 4 個象限分別屬於何種立場。

（基本的思考模板）

　　思考 4 個象限究竟分別代表什麼，一定能夠看出端倪。4 個象限各自扮演著不同的角色，能夠整理出來就能夠看到答案。

　　接著就來畫矩陣圖。你或許在煩惱橫軸與縱軸如何設定，不過愈煩惱愈能夠深入理解狀況。

　　舉例來說，兩軸可以表示重要程度、優先順序、影響力等的高低，也可以表示好處與壞處、正向與負向、主觀與客觀、肯定與否定、新與舊、激進與保守等兩相對立的立場，任何事物都可以設定成兩軸。建議各位多方嘗試，組合起來應該會有新發現。

（進階思考）

　　各種矩陣圖都試試吧！排列組合愈多，就能夠畫出愈多矩陣圖，而且任何一個一定都能夠告訴我們些什麼。

　　更進一步來說，設定兩軸就是 2×2，也就是 4 個象限；3 軸就是 2×2×2，也就是 8 個象限。假如兩軸 4 象限的矩陣圖無法滿足需求，你可以挑戰 3 軸 8 象限的矩陣圖。

🕹 這裡是關鍵！〔**軸的設定**〕

　　軸的設定方式，我建議分成「緊急程度」與「重要程度」。整理應做事項時，利用這兩項設定，弄清楚「緊急程度低但重要的事」有哪些，你一定會發現「這件事必須先處理」、「這件事還不用處理沒關係」等。像這樣安排應做事項的優先順序吧！

01 整理工作的任務清單

　　這個案例是利用前一頁介紹的「自訂兩軸矩陣圖」整理工作任務。

　　此前的思考模板也介紹過許多以工作為例的情況。工作是由許多瑣碎作業累積而成，因此整理很重要。

　　這個案例的軸也用了「緊急程度」。不管是工作或其他任何場合，都有「在期限之前必須完成」的指標，也有「這封電子郵件在下週一之前回覆即可，但這份會議資料絕對要在今天之內完成」的情況，不同的狀況有不同的指標。

　　因此，列出任務的各項要素之後，思考每項要素的緊急程度很重要。完成後，就從自己躍躍欲試的項目開始一一進行吧！

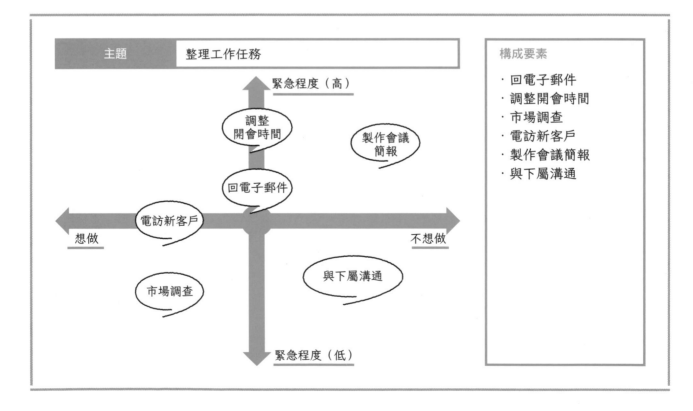

02 各廠牌推出的吸塵器特徵

接著是利用「矩陣圖」整理各吸塵器廠牌推出的吸塵器特徵。假設我們正在猶豫，不知道該買哪個牌子的吸塵器。

吸塵器需要具備哪些功能，每個人的需求都不同。使用吸塵器的住宅、房間格局也有影響。

此外，除了案例的兩軸之外，還有許多其他的比較重點，包括大小、價格等，因此請把對你來說最重要的要素設定為兩軸吧！

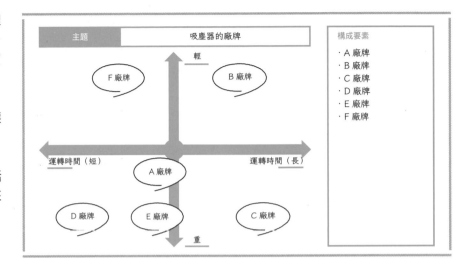

03 拉麵店的特徵

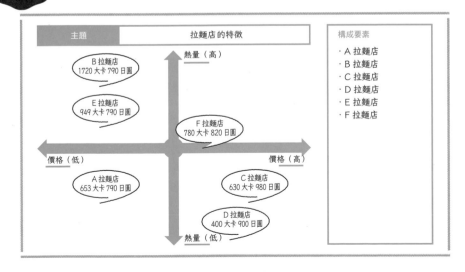

最後是我用「矩陣圖」分析我最愛的拉麵。

與上面吸塵器的案例相同，這個案例的兩軸也因人而異。我這次是設定熱量和價格這兩項要素為軸，進行分析。

這種場合，哪個象限是自己最理想的選擇，也有個人差異；有的人認為熱量高很好，有的人希望熱量低。整理狀況時，順便想想哪些適合自己。

拿手／棘手努力量表
檢查看看努力是否有成果！

各位是否有過「分明已經很努力，卻沒有成果」的經驗？以為努力就會得到回報，沒想到卻是碰壁？

努力的量與結果不一定成正比，努力也不一定有結果，不努力有時反而會有結果。這種時候你需要改變做法或轉換跑道，但實際執行時，要推翻自己的努力其實最困難，

你以為：「只要我再加把勁兒，就會有成果了吧？」卻忘了考慮效率、做法等問題。

我們就用這個量表，檢查看看自己的努力是否帶來相對應的成果吧！

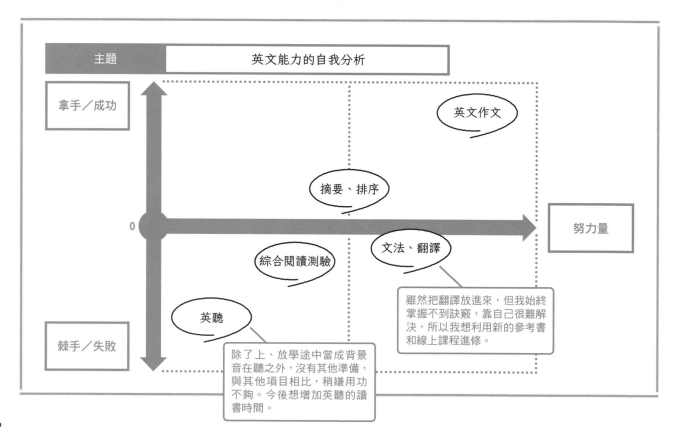

主題　　英文能力的自我分析

拿手／成功

英文作文

摘要、排序

0　　　　　　　　　　努力量

綜合閱讀測驗

文法、翻譯

雖然把翻譯放進來，但我始終掌握不到訣竅，靠自己很難解決，所以我想利用新的參考書和線上課程進修。

棘手／失敗

英聽

除了上、放學途中當成背景音在聽之外，沒有其他準備，與其他項目相比，稍嫌用功不夠。今後想增加英聽的讀書時間。

使用方式

Step **1** ▸ 寫下「努力卻沒有結果的項目」。

Step **2** ▸ 寫下「不努力卻有結果的項目」。

Step **3** ▸ 寫下「努力所以有結果的項目」。

Step **4** ▸ 寫下「不努力所以沒有結果的項目」。

Step **5** ▸ 確認各自的位置，想想怎麼做才能夠變成「努力所以有結果的項目」。

(基本的思考模板)

我們分別就各個象限，思考因應對策吧！

「努力卻沒有結果的項目」
→努力的方式有誤，需要改變做法。
「不努力卻有結果的項目」
→只要努力，應該會有更好的成果，所以請更加努力。
「不努力所以沒有結果的項目」
→只要去做，一定會有結果，所以思考能夠努力的方法。

就像這樣，不同象限思考的東西也不同。

此外也請想一想某個項目為什麼會在某個象限裡。舉例來說，請想想「為什麼不努力卻有結果？」這樣做或許就能找到與其他象限項目相關的部分，比方說，「多重複幾次或許比較符合我的個性，我不喜歡一一按照順序結束。這個特質也能套用在其他項目上嗎？」等。請各位務必試試。

🖌 **這裡是關鍵！〔寫下「努力卻沒有結果的項目」〕**

努力卻沒有結果就是「浪費時間」，這樣很可悲，必須盡早改善。你需要找出原因，看看到底哪裡不行。這恐怕是 4 個象限中最需要優先改善的部分，因此提高它的優先順序吧！

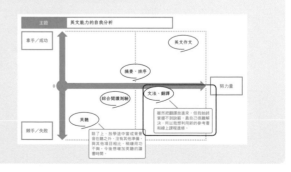

01 討論棒球表現

　　這個案例是利用前一頁介紹的「拿手／棘手努力量表」分析棒球的練習與結果。

　　努力量與結果不一定成正比；有時即使努力了也遲遲沒有結果，或者反過來，有時不怎麼努力，卻反而有結果。

　　不管是棒球或其他運動，或是在課業和工作上也一樣，出現好結果或壞結果時，最重要的就是找出原因。

　　別只看到成功或失敗就結束，這樣無法提供下次參考改進，但要在腦子裡整理又很困難，所以我們需要這張量表。利用縱軸和橫軸把狀況分成 4 個象限，一眼就能看出各項目的努力量與結果。

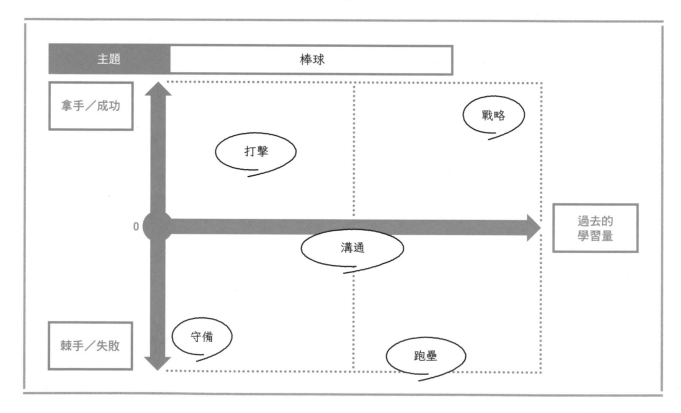

02 討論社群網站的運用

接著是利用這個「拿手／棘手努力量表」想想社群網站的運用。

最近 10 年使用社群網站的人急速增加，社群網站上也有愈來愈多人舉辦各種活動吸引人氣與支持。

想要在社群網站上博得人氣，有很多該做的，如案例所示，只是發文還不夠，必須要連動多個社群網站或做好品牌管理。別忽略這裡列出來的要素。

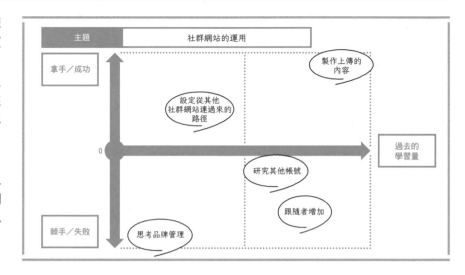

03 討論照護工作

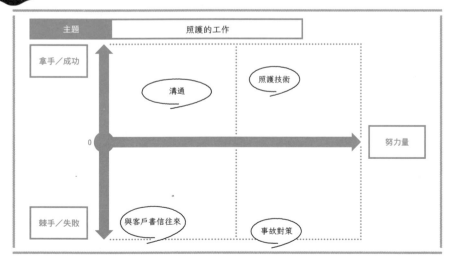

最後是利用這個量表思考照護工作。

在這個案例中，努力卻沒有結果的項目是「事故對策」。照護工作很難預防事故發生，儘管如此，參考這個案例，思考「聽從前輩照護員的建議」、「上網查詢範例」等方法並實踐很重要。別一感到棘手或失敗就放棄，也要想想今後要怎麼做。

範本思考框架

透過模仿學習？挑戰模仿自己崇拜的對象吧！

　　人類成長最快，就是身邊有值得參考的範本時。只要有「我想成為像他一樣的人」這種明確的對象在，模仿他就能成為他。

　　你或許會懷疑：「我真的可以模仿嗎？」當然可以。日本從明治維新之後，儘管被歐美國家看不起，仍然仿效西方，最後創下在日俄戰爭中擊敗強國俄羅斯的成績。模仿抄襲絕對不是愚蠢的行為。

　　我問過我身邊包括自己在內的人，多數東大生都會回答你：「我有崇拜、當作參考範本的對象。」有一說認為「學習」的語源就是「模仿」，由此可知古人也是從模仿身邊其他人進而成長。

範本	高中學長

	自己	範本
要素 1	工作態度不積極	工作態度積極，樂在工作
要素 2	自己失敗時會怪別人	不會抱怨別人，改善自己
要素 3	想要掩飾疏失	自己有錯時不會掩飾，老實承認
要素 4	累的時候會遷怒別人	即使很累也面帶笑容，不忘肯定的言行
要素 5	老是自己說個沒完	首先詢問對方意見，並仔細聆聽

自我改善的重點
・自己很想說話也要忍耐，刻意安排傾聽對方說話的時間
・無論成敗，自己闖的禍要老實承認，正視現實

Step **1** ▸ 想想自己身邊可當作模範的對象。

Step **2** ▸ 分成幾個要素，列出對方了不起的地方。

Step **3** ▸ 對照對方的優點，寫下自己的缺點。

Step **4** ▸ 最後找出拉近雙方差距的改善關鍵、模仿關鍵。

基本的思考模板

找到模仿關鍵就全都模仿吧！我在實踐這個做法的朋友，不管是聽的音樂、看的電視節目、說話的手勢、溝通的習慣等，只要有可能就會全部模仿。分成幾個要素之後，開始模仿「模仿關鍵」吧！

從「哪些地方可以模仿？」的角度來看，就會漸漸看出範本的優點，同時也突顯自己的不足之處，這樣也是一種收穫。「他在說話時會先肯定對方，所以給人溫柔的印象。

我下次也要試試！」這樣就能夠找出模仿的關鍵、值得尊敬的地方。

進階思考

把範本令人欽佩的地方，改造成適合自己的方式也可以。比方說，「不光是在開頭肯定對方，最後也要再次提到」類似這樣，不只是模仿，也加上自己的做法，自己也會逐漸成長。能夠從模仿他人開始逐漸培養出自己的個性，也算是個人的強項（優勢）。

PART 8
取捨力

🖌 這裡是關鍵！〔**如何填補與範本之間的落差？**〕

模仿範本的行為時，請由這兩軸——「待辦事項軸」也就是「先從哪裡開始？」，以及「改進事項軸」也就是「過去有做但最好改掉別做」去思考，一邊填補自己與範本之間的落差，一邊取捨自己該做的事情。

填補範本與自己之間的落差

	自己	範本
要素 1	工作態度不積極	工作態度積極，樂在工作

01 以某位律師朋友為範本

　　這個案例是利用前一頁介紹的「範本思考框架」把某位律師朋友當作範本。

　　模仿時列出的 5 項要素十分重要。這個案例列出了「知識、主體性、創造力、彈性、利他行為」這 5 項，但改成「溝通能力」、「幽默感」等其他要素也可以，或者是同樣要素，只是換種說法也沒關係。

　　選擇這 5 項要素的標準，大致上可分成兩個──選擇「自己缺乏的項目」或選擇「範本表現出色的項目」。

　　不管是哪種，重要的是仔細分析自己與範本對象，了解雙方的差異，再想想如何填補或改善。

範本	某律師朋友	
	自己	範本
要素 1	【知識】還沒有取得證照，所以只有為了考試而讀的知識。	【知識】自主閱讀大量書籍和論文，持續更新知識。
要素 2	【主體性】別人說的事、必要的事只要採納最低限度的程度。	【主體性】主動接觸自己關心的事物，即使看起來很困難也積極向前。
要素 3	【創造力】很難靠自己想出新點子。	【創造力】配合廣泛的知識，想出前所未有的點子。
要素 4	【彈性】往往拘泥在自己此刻的想法裡。	【彈性】知識豐富，因此尊敬其他專家，與自己理念相左的事情也會先接受。
要素 5	【利他行為】光是自己的事情就顧不完了。	【利他行為】能夠積極分享自己的時間給身邊有困擾的人。
自我改善的重點	某律師朋友不是只挑自己喜歡的，而是很有求知欲，喜歡學習各種知識，而且不只是知識豐富，也會想出新東西。 再者，因為他有豐富知識與求知欲，因此能夠仔細看清楚四周，能夠替人著想。 所以我必須先用功讀書，考過眼前的考試，同時也想在可能的範圍內增廣見聞，逐漸拓展視野。	

02 以日本史老師為範本

接著來看看以某位日本史老師為理想範本的思考模板。

各位看過就知道，這裡列出與前面案例不同的 5 項要素。就像這樣，崇拜的項目不同，用這個思考模板拆解出來的要素也會跟著改變。

此外，別只是寫上「知識豐富」、「有自信」，其原因是什麼，背景因素都可以一併思考。這樣一來你就能夠看到自己該做的事情。

範本		日本史老師
	自己	範本
要素 1	【知識】用功不足，還很缺乏。	【知識】花很多時間閱讀，因此學富五車。
要素 2	【自信】成功經驗少，缺乏自我肯定，也沒有自信。	【自信】過人的努力帶來成功經驗，因此從他的言行舉止都能感受到自信。
要素 3	【行動力】在付諸行動之前猶豫不決想太多，很難踏出第一步。	【行動力】一旦決定的事情即使停課也會去做。
要素 4	【說服力】缺乏經驗和自信，因此說語缺乏說服力。	【說服力】有過人的自信和自身的成功經驗，因此說話很有說服力。
要素 5	【人品】心理狀態起伏劇烈，情緒都寫在臉上。	【人品】對任何人都公平公正，態度溫和。
自我改善的重點	老師說話很有說服力，是來自於孜孜不倦的努力，也是成功經驗養成的自信。由此可知，我現在需要的是下定決心那瞬間就行動的行動力，以及用自己的方式努力的經驗。透過這種方式得到知識見聞和自信，才能夠讓自己的心從容自在，並且以溫和的態度對人。	

03 以公司前輩為範本

範本		公司的前輩
	自己	範本
要素 1	【知識】用功不足，還很缺乏。	【知識】藉由豐富的經驗與自主研究，累積了多樣化的知識。
要素 2	【經驗】還沒有獨自完成一項企畫案的經驗。	【經驗】有多次獨自完成企畫案的經驗，因此很有自信。
要素 3	【行動力】某種程度上願意主動積極行動，但無法持續扛責任到最後。	【行動力】先行動，之後再謹慎思考風險等問題，能夠負起責任行動到最後。
要素 4	【溝通力】能夠進行溝通，但沒有多餘的心力顧慮到對方。	【溝通力】為對方著想，以對方覺得自在的形式溝通。
要素 5	【人品】遇到好相處的人與不好相處的人，反應都直接寫在臉上。	【人品】不管面對任何人，態度都一樣，對待對方時，會替對方著想。
自我改善的重點	公司的前輩行動力高，累積了各式各樣的經驗，因此知識豐富且有自信。而且這類經驗基本上很講求人品，對待任何人都沒有差別、顧意溝通。因此我希望自己在溝通時也能夠顧慮到對方，獲得行動的機會，累積知識與經驗。	

最後是以某公司的前輩當作範本的思考模板。

看了前面的案例就能知道，套用這個思考模板時，不可或缺的就是「自我分析」。

首先要面對自己欠缺的部分，例如：「無法負責到最後」、「無法顧慮對方」等，這點很重要。做到這點之後，再來想想如何改善才能夠更接近自己的理想範本。

優先順序／行動計畫格式

擺脫「不知道從哪裡下手才好」的窘境

「優先順序／行動計畫格式」是在拆解待辦事項的要素之後,不知道「到底該從哪裡下手?」時使用。通常即使我們知道待辦事項有哪些也很難執行,因為看不出來在什麼時限之前、要按照什麼順序進行。當中包括有優先順序的事項,也有不定期的事項,如果沒有事先想好優先順序／行動計畫,計畫就會不夠充分。

各位在列出待辦事項時,應該也有過迷惘、不知道哪個先做、不知道要按照什麼順序行動的經驗,因此無法踏出第一步。為了突破這種狀態,請使用這裡介紹的「優先順序／行動計畫格式」。

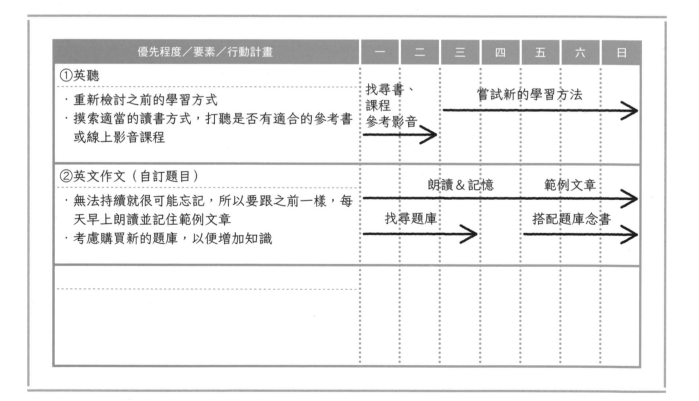

優先程度／要素／行動計畫	一	二	三	四	五	六	日
①英聽 ・重新檢討之前的學習方式 ・摸索適當的讀書方式,打聽是否有適合的參考書或線上影音課程	找尋書、課程參考影音 →		嘗試新的學習方法 →				
②英文作文(自訂題目) ・無法持續就很可能忘記,所以要跟之前一樣,每天早上朗讀並記住範例文章 ・考慮購買新的題庫,以便增加知識		朗讀&記憶 找尋題庫 →			範例文章 → 搭配題庫念書 →		

使用方式

Step 1 ▶ 從最上面開始，填入你認為優先順序最高的項目。

Step 2 ▶ 從優先順序高的項目中，列出非做不可的行動。

Step 3 ▶ 最後從上往下依序填入要在什麼時間執行。

基本的思考模板

　　填完這個表單，我相信各位已經能夠確定自己該做的事。人類如果不清楚自己該做什麼，就無法起身行動，或即使終於行動了，也會從不太重要的工作開始做起，或老是在沒有意義的事情上全力以赴。為了防止這種情況發生，最重要的是必須確實排出優先順序，檢討行動計畫。

　　你或許會感到意外，東大生通常花最多時間的不是讀書，而是「擬定計畫決定自己應該讀什麼」。沒有徹底搞清楚該做的事之前就無法行動，希望各位務必當作參考。

進階思考

　　關於優先順序的排定方式與要素的鎖定方式，在其他思考模板已經介紹過，請各位先去試試。合併幾個思考模板一起使用，效果會更好。舉例來說，「最低限度目標／最高限度目標」也可以套用在這裡（請見 84 頁的「兩項目標格式」）。

　　另外，把項目畫線分開「到哪個項目為止是絕對要做的事項」、「從第幾項起是建議做到的目標」，計畫也會更有效果。

🎯 **這裡是關鍵！〔優先順序影響行動〕**

　　人如果看不到行動的動機，就不會行動。優先順序關係到行動計畫，會讓人看到行動的動機，也就更容易轉為實際的行動。

　　舉例來說，比起單純的「讀英文」，「為了下個月的英文能力檢定考，必須強化英文」的優先順序就比較高。就像這樣，請替行動加上動機吧！

優先程度／要素／行動計畫
①英聽
·重新檢討之前的學習方式 ·摸索適當的讀書方式，打聽是否有合適的參考書或線上影音課程
②英文作文（自訂題目）
·無法持續就很可能忘記，所以要跟之前一樣，每天早上朗讀並記住範例文章 ·考慮購買新的題庫，以便增加知識

01 決定讀英文的優先順序，思考行動計畫

這個案例是利用前一頁介紹的「優先順序／行動計畫格式」，進行強化英文計畫。

簡單一句「英聽」，其實準備的方式有很多，包括「閱讀音檔文字」、「跟讀」等。其他如英文作文、摘要等其他單元也一樣。

可拆解的內容要盡可能細分，接著再想想何時進行哪些項目、按照怎樣的優先順序進行，就是更簡單易懂的計畫。

另外一大重點是，「用不著每天都進行所有要素」。在這個案例中，英文作文是安排在每週四、日。就像這樣，在能夠做到的範圍內、在固定時段排定計畫，就能夠習慣每項要素。

優先程度／要素／行動計畫	一	二	三	四	五	六	日
①英聽							
1. 閱讀音檔文字，事先消除不懂的地方。 2. 每天重複跟讀，直到不會卡住為止。				閱讀音檔文字 → 跟讀 →			
②英文作文（自訂題目）							
1. 完美背完半本作文範例（＝一看到中文就能夠立刻說出英文的程度）。 2. 每週寫兩篇自訂題目的英文作文，請老師幫忙修改。	背範例作文 → 作文 →			背範例作文 → 作文 →			
③摘要							
1. 寫摘要時，確認必須注意的連接詞。 2. 每週做 1 回東大的英文摘要考古題。	摘要 →			確認連接詞 →			

02 決定工作的優先順序，思考行動計畫

接著是利用這個表單決定工作的優先順序並安排計畫。

在這個案例中，針對「運用社群網站、編輯報導、撰寫專欄」這3項行動，拆解細分要素的部分十分重要。

與讀書計畫的案例一樣，工作最重要的也要先拆解細分要素再擬定計畫。

另外，定期回顧檢討這張表單也很重要。檢討時，有時也需要調動變更優先順序。

優先程度／要素／行動計畫	一	二	三	四	五	六	日
①運用企業的官方社群網站							
1. 平日收集可以用在貼文上的點子。				收集點子、每天發文 →			
2. 統一在每週一預約發布貼文。					預約發布貼文 →		
3. 平常想到什麼就發布貼文。							
②編輯報導							
1. 事前與作者聯絡調整。		與作者聯絡 →			與作者聯絡 →		
2. 編輯收到的報導，發回給作者。			編輯 →		確認、送印 →		
3. 作者確認過修正處之後送印。							
③撰寫專欄							
1. 一想到專欄可用到的點子就寫下來（不是刻意去收集）。		收集點子 →					
2. 累積足夠的點子就動筆。					撰稿 →		

03 決定換工作應做事項的優先順序，思考行動計畫

優先程度／要素／行動計畫	一	二	三	四	五	六	日
①自我分析							
1. 想想自己想做的事，找朋友商量。	自我分析 →						
2. 具體列出你想要什麼樣的工作條件。		歸納條件 →					
②收集資訊							
1. 向其他人打聽公司和業界的情況。	聯絡朋友 →			打聽消息 →			
2. 上網搜尋想去的公司。		上網搜尋 →					
3. 整理打聽來的消息與搜尋來的資訊，寫成筆記，多少記在腦子裡。				歸納整理 →			
③準備面試，製作書面資料							
1. 面試練習。					寫求職申請書 →		
2. 填寫、修改求職申請書。					面試練習 →		

最後是利用「優先順序／行動計畫格式」思考換工作的計畫。

在這個案例中，我希望各位注意的地方是「與朋友商量」、「上網搜尋」這些瑣碎小事也要寫在計畫中。

「向其他人請教」多半不會列入要素，但這點其實很重要。你以為「反正都會做，沒列也沒關係」，最後往往會忘記。為了預防這種情形發生，請把瑣碎的事項也列上去。

PART 9

說明力

何謂說明力？

「說明」事物究竟是什麼意思？「說明」這個詞如字面上所示，就是「解釋明白」。說得更詳細點就是「解釋明白事物的原因或根據」的意思。

對人說明某件事的時候，必須要有「模板」。不管是「起承轉合」或「緒論、本論、結論[11]」，表達方式有很多種，但想要說明得簡單明瞭，就需要任何人都能聽懂的模板。

而且，那是一旦學會就能夠立刻套用的東西。只要想好想說的內容、要以什麼樣的順序傳達就行了。

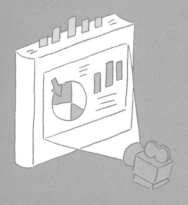

11 論文的三段式寫法。

舉來說，有人告訴你：「這臺吸塵器的吸力很強。」你也會感到不解：「很強是有多強？」這表示這樣的說明不夠。如果有人說：「這臺吸塵器的吸力比過去〇〇製的吸塵器強3倍，相當於可吸起重達 14 磅的保齡球。順便補充一點，14 磅是成年男性在保齡球場選用的保齡球的平均重量。」你覺得呢？是不是對這臺吸塵器有點興趣了？

「說明」不只是傳達事實的過程，如同上述的吸塵器例子，「說明」也是修飾事物、加上具體範例，以更有吸引力的方式傳達給其他人的方式。

提高說明力的思考模板

本章將介紹兩個提高「說明力」的思考模板。

28 內容⇄情境清單

整理好自己想說的內容，並想想怎樣傳達更能夠吸引對方。

29 落差清單

想想事物變化前是什麼樣子、變化後是什麼樣子，更容易說明。

說明的大前提是要讓對方聽懂。不管是多麼拙劣的東西，只要套用「模板」說明，一般人多數時候都能聽懂。寫文章時、做簡報時也能派上用場，希望各位務必試試。

內容⇄情境清單

送禮不管是內容物、外觀還是遞交方式，都很重要

對他人傳達事情時，先分成「內容」與「情境」再思考很重要。「內容」是指事物內部所包含的實質或意義，而「情境」則是指外在的樣貌。

送禮時，沒有人會直接把內容物拿給對方，也沒有人會只給盒子，做出這種行為一定會被討厭，每個人都會把禮物精心包裝一番才送出去。只講究內容不夠，只有情境也無法成立，而同時考慮到這兩者的就是「內容⇄情境清單」。

對人說明也與送禮一樣，不能只注意內容，表達方式也很重要。利用這張表格好好傳達自己想要說的話吧！

情境 ●如何傳達？ ●怎麼建立脈絡？

· 分享自己參加多次課外活動的經驗
· 分享自己在團隊中的行動與從結果得到的經驗

內容 ●什麼樣的內容？ ●想要表達什麼？

· 面試時強調自己的態度積極
· 也想告訴面試官自己很合群

Step **1** ▸ 首先想想內容，接著將它寫下來，再歸納出想要表達什麼訊息。

Step **2** ▸ 看過內容後思考情境。想想要用什麼型態傳達？用什麼樣的脈絡說明更容易聽懂？

(基本的思考模板)

即使你說「做人必須善良」，也不太有人會聽進去，但如果加上「善良的人會有這種好處」、「有統計資料證實」等小故事或統計數據，人們就願意聽進去。在思考內容的同時，也要想想怎麼傳達別人才會願意聽。

故意利用反面情境也是一種方式，告訴大家「做人不善良，就會有這種不好的下場」也能夠傳達反面訊息。別只知道用直接又正面的方式表達訊息，反面情境也是一種方式。像這樣從各種角度思考傳達內容的方法，也是這個表的用意。

(進階思考)

我們可以試著用各種脈絡來整理事物，有各種方法可以用來表達自己想講的事，包括故意否定、對比正反面的內容，或引用實驗結果等。

你想傳達的對象是誰？最想傳達的內容是什麼？這些都會大大改變外在的形式，想想你是要美化自己、突顯旁人，或是批判環境，配合不同場合建立不同的情境吧！

🖋 這裡是關鍵！〔設定情境〕

傳達方式有無限多種。比方說，你為了表達「這個冰箱很好用！」你可以說「其他的冰箱很差」，也可以說「這個冰箱不買會後悔」。你也可以用負面的形容講正面的事物。有了內容之後，練習從各種角度設定情境吧！

情境　●如何傳達？　●怎麼建立脈絡？
·分享自己參加多次課外活動的經驗 ·分享自己在團隊中的行動與從結果得到的經驗

PART
9

說明力

01 交涉部門預算

這個案例是利用前一頁介紹的「內容⇄情境清單」，思考某事業部門的預算交涉方式。

這次案例的內容是「營業額提高的部門為了增加預算進行交涉」，但突然對社長和上司要求「增加預算」，高層也不會那麼輕易放行。

與人交涉必須準備足夠的理由，讓對方產生「這樣我可以接受」的念頭。這裡是把理由整理在「情境」欄位中。

以這個案例來說，強調的重點是「我們部門的營業額比其他部門成長許多」、「這個部門有存在的價值與必要性」。情境，也就是展現方式，必須配合交涉對象的立場而改變。想要成功讓對方聽進你的要求，最重要的就是找到正確的情境。

情境 ●如何傳達？ ●怎麼建立脈絡？

・強調與其他部門的業績相比，我們部門的營業額成長率
・訴求是公司必須因應社會變化，培養新的印鈔機

內容 ●什麼樣的內容？ ●想要表達什麼？

・營業額提高
・希望能夠增加預算，挑戰更上一層樓

---

02 如何分享「東大生的時間分配法」?

接下來的情境是想想怎麼告訴別人「東大生的時間分配法」。

突然跟你說:「東大生分配時間的方式很厲害。」你也很難領會哪裡厲害吧?這樣就無法把自己想表達的意思傳達出去。「情境」能夠讓表達更容易。

這個案例的關鍵在於「猶豫就是在浪費時間!」等的肯定語氣。故意用極端的態度說話,更能夠吸引聽者注意。

情境 ●如何傳達? ●怎麼建立脈絡?
·很不會設定目標也是理所當然,因為沒有安排娛樂時間 ·猶豫就是在浪費時間!

內容 ●什麼樣的內容? ●想要表達什麼?
·東大生分配時間的方式很厲害 ·大家只要照著做,無論何時都能夠擠出時間

03 如何表達「員工餐廳的飯不好吃」的事實?

情境 ●如何傳達? ●怎麼建立脈絡?
·白飯很重要,關係到公司員工的工作動力 ·飯不好吃,就很難投入下午的工作

內容 ●什麼樣的內容? ●想要表達什麼?
·員工餐廳的飯不好吃 ·因為廚房人員的廚藝不好

最後的情境是想要告訴對方「員工餐廳的飯不好吃」。當事實難以啟齒時,我們應該怎麼做?

假設你是員工餐廳負責煮飯的人,突然聽到公司職員說:「你的廚藝很差,員工餐廳的飯很難吃。」你會怎麼想?是不是會缺乏改善的動力?

有事要告訴對方或委託對方時,顧慮對方的感受也很重要。與對方建立良好關係,彼此互換意見吧!

落差清單

以出乎對方意料的方式，強調自己想表達的事情

想要告訴對方什麼事情的時候，最重要的是製造落差，用「各位，你們是這麼覺得的吧？其實不是喔！」的方式說話，更容易引起對方的注意。

我以 2021 年日本收視率最高的日劇《東大特訓班 2》為例，這部日劇的內容講述某所高中的學生遇到實力堅強的老師，並以考

上東大為目標，也就是偏差值低的學生努力縮小落差，進入偏差值高的學校，這樣的劇情十分受到觀眾喜愛。有事傳達時，製造落差是最簡單的方式。「這件事一般是怎麼想的？有什麼樣的偏見？」搜尋之後利用那個落差，就更容易讓對方聽進你想說的話。

主題	某行動通訊服務的分析

填補落差的手段

· 削減窗口服務等的相關成本：年輕人不需要講究的窗口對應，性價比比較重要
· 把眾多的優惠方案選項一元化：申請簡便，年輕單身族也容易挑選

變化前

· 在年輕人之間的人氣普通
· 便宜方案的行動上網量低，增加行動上網量就會變貴

變化後

· 受到年輕人喜愛
· 價格便宜且網路用量高

Step **1** ▶ 先寫下想要表達的事、想要傳達的結果／目標。

Step **2** ▶ 接著寫下與該結果有落差的假設。

Step **3** ▶ 最後寫下填補落差的方法。

基本的思考模板

在習慣使用方法之前，先按照上述步驟依序進行整理吧！多數人只會看到「Step 1」，人們往往只會看到「考上東大」、「變聰明讀書法」等正面訊息，這樣子無法把自己的想法傳達出去。

「這臺吸塵器的吸力很驚人！」這種介紹詞無法引起消費者的共鳴，但假如你用「一般人往往以為吸塵器的吸力很弱」這句話破題，消費者就很容易聽進去，因為大家對這句話有共鳴，而你提出了與眾人想法有落差的結論。消費者聽到你說：「這臺吸塵器買回家 1 年多，吸力還是不減！這是過去的吸塵器沒有的功能！」他們就會感到好奇：「我也來買看看好了。」

推銷介紹時，隨時利用落差，會更容易讓聽眾聽進去，這也是「內容⇆情境清單」（請見 140 頁）的主張。

進階思考

習慣後，從「填補落差的手段」開始寫起也無妨。從中間先寫，接著寫下「變化前」與「變化後」，就能看到這種做法或想介紹的內容有多少價值。在這個階段別被順序侷限，用自己的方式找出落差吧！

◌ 這裡是關鍵！〔**有落差的假設**〕

我們現在面臨的狀況多半是「結果」。假設各位目前 30 歲，表露在外的是 30 歲的自己，也就是從 20 幾歲、兒童變化而來的狀態。既然表露在外的是結果，必須刻意往前回溯追究才能看見自己的變化，因此思考「變化前」很重要。

變化前
・在年輕人之間的人氣普通 ・便宜方案的行動上網量低，增加行動上網量就會變貴

01 打工工作做不好

這個案例是利用前一頁介紹的「落差清單」解決打工問題。

打工大概是本書讀者幾乎都有過的經驗；還沒有打過工的人，今後應該也有不少打工的機會。打工通常都是從零開始學習，而且店家或公司都有自己的規則和用語等，所以一開始很難表現完美。但你也不能老是拿「我是新手」當藉口，思考「怎麼填補落差」很重要。

想想怎麼做工作會更有效率、更能減少疏失，並寫進「手段」欄位，接著就剩下實踐了。

主題	打工的分析

填補落差的手段

・多排一點班，累積經驗
・遇到不懂的事情就徵詢上司的意見，並且做筆記避免忘記

變化前	變化後
・掌握不到工作的訣竅 ・工作內容記不太住	・經驗值增加，能夠俐落完成工作 ・工作疏失和不懂的事情減少

02 當 YouTuber 卻始終不太有人氣

接著是利用「落差清單」分析某 YouTuber 始終沒有人氣、瀏覽與訂閱人數都很少的狀況。

這裡的重點是「分析高人氣影片」。Chapter 8 介紹的「範本思考框架」（請見 130 頁）也提過，有時可以藉由模仿成功者改善自己的困境。分析潮流也是同樣道理。

受歡迎一定有原因，從中取得靈感套用在自己身上也很重要。

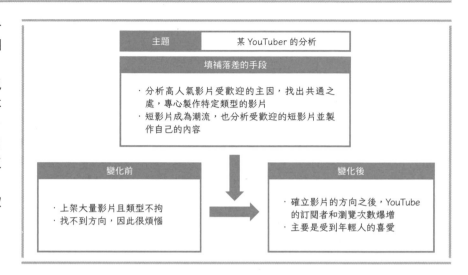

主題	某 YouTuber 的分析

填補落差的手段
- 分析高人氣影片受歡迎的主因，找出共通之處，專心製作特定類型的影片
- 短影片成為潮流，也分析受歡迎的短影片並製作自己的內容

變化前
- 上架大量影片且類型不拘
- 找不到方向，因此很煩惱

變化後
- 確立影片的方向之後，YouTube 的訂閱者和瀏覽次數爆增
- 主要是受到年輕人的喜愛

03 提升拉麵店營業額的策略

主題	分析大份量的拉麵

填補落差的手段
- 增加大片叉燒肉、蔬菜→配合大食量年輕人的喜好
- 改成重口味，讓人留下強烈印象

變化前
- 味道很難令人留下印象
- 肉太少
- 吃不飽

變化後
- 十分受到年輕人喜愛
- 分店一家接著一家開

最後是利用「落差清單」思考提升某家拉麵店營業額的策略。

在這個案例中，「填補落差的方法」是「配合年輕人的喜好」。某些程度上鎖定商品的主打客群有可能帶來重大的改變。採取意想不到的方式突破現狀也是一種方法。

變化前、變化理由、變化後格式

變化理由

· 附近開了年輕人喜歡的餐飲店
· 正好到了住戶搬遷的季節,熟客搬走了
· 方便好用的訂閱制服務愈來愈多
· 許多人講究健康,轉向在家自己煮

變化前

· 營業額高
· 人潮多,上門光顧的客人也多

變化後

· 營業額持續下滑
· 上門光顧的客人變少

How to use

1 想想事物變化前的狀況。

2 想想事物變化前的狀況。

3 想想引起變化的狀況,以及狀況發生的原因。

Template

思考模板範本　01
變化前、變化理由、變化後格式

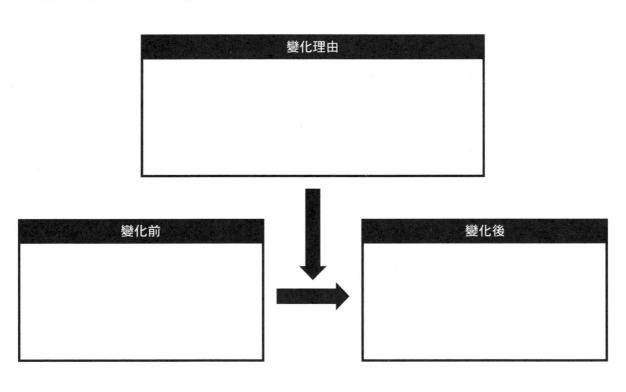

X1.75 fit to A4 Size

背景／原因格式

問題	為什麼最近站前商店街不再熱絡，有愈來愈多商家放下鐵捲門？

背景	間接原因	直接原因
·大型購物中心增加，開車前往可一次買足所有東西 ·外縣市搭大眾運輸的人減少，自己開車的人增加	·搭電車購物的人減少，所以人潮也跟著減少	·去商店街購物的人減少

How to use

1 探討的主題、問題寫在最上面。

2 思考表面的直接原因。

3 思考背後的間接原因。

4 從間接原因延伸思考思考這個問題的背景。

Template

思考模板範本　02
背景／原因格式

問題		

背景	間接原因	直接原因

X1.75 fit to A4 Size

新問題格式

問題
為什麼這個小組的人際關係不協調，經常起爭執？

問題拆解 A	問題拆解 B	問題拆解 C
這個小組 ＝A、B、C、D組成的團隊	人際關係不協調 ＝委託工作時經常發生衝突	具體來說是什麼樣的爭執？

新問題
· B與C為什麼吵架？
· D為什麼每次都會問B和C的意見？
· A清楚這個情況嗎？假如知道，他準備如何改善？

答案
· B與C是同期進公司，而且年齡相仿，因此將彼此視為對手，再加上他們是業務部，很在乎營業額等數字，所以敵對意識過剩
· D與A相差快20歲，價值觀不同，因此D經常請教兩位同組前輩的意見

How to use

①　寫下問題後拆解。

②　拆解後，將拆解出來的東西重新組合或深入挖掘，找出新問題（在找尋原始問題的答案同時，要把必要的質疑視為新問題）。

③　找尋新問題的答案時，也要找出原始問題的答案。

思考模板範本　03
新問題格式

問題	

問題拆解 A	問題拆解 B	問題拆解 C

新問題	

答案	

X1.75 fit to A4 Size

8 項提問清單

主題	應徵企管顧問工作

8 項提問		應做事項回答
Why	•為什麼想做？	企管顧問的工作可以在不同領域累積經驗，所以我想走這一行
What	•打算做什麼？	研究企管顧問業界的情況、向校友打聽、針對案例擬定策略
When	•何時做？	大二的秋天～大三的秋天（企業的徵才活動結束時）
Where	•在哪裡做？	業界研究、案例對策：大學、家裡　校友訪談：校友的職場
How	•怎麼做？	業界研究：閱讀網路報導和書籍　案例對策：購買案例書解題 校友訪談：請已經在進行中的朋友引介、積極參與活動
Who	•與誰一起做？	業界研究、案例對策：選拔團的朋友 校友訪談：校友
Whose	•為了誰而做？	①為了自己（希望累積各種經驗、想要獲得足夠的收入） ②為了父母（希望回報他們過去在經濟上援助自己的恩情）
Which	•有其他選擇時，為什麼要選這個？	足夠的收入：公務員的自主權與收入相對較少。 廣泛的經驗：綜合貿易公司的氣氛很像學生時代的體育社團，跟我不合

How to use

1 由上而下依序回答 8 個問題。

2 答不出來就去做調查，把這張表格填完。

思考模板範本　04
8 項提問清單

主題	

8 項提問		應做事項回答
Why	•為什麼想做？	
What	•打算做什麼？	
When	•何時做？	
Where	•在哪裡做？	
How	•怎麼做？	
Who	•與誰一起做？	
Whose	•為了誰而做？	
Which	•有其他選擇時，為什麼要選這個？	

X1.75 fit to A4 Size

提升效率框架

日期	做什麼？	目的與通關標準是？	完成了嗎？	效率？
6/18	TARGET 1900 背 Sec7、8、9	確認過幾次之後寫紅卷，答對90%過關	Sec7、8很專心，9就分心了	△
6/20	日本史筆記整理	用自己的方式整理課本 P120～136的內容	還要應付其他科目，沒能達成目標	△
6/21	現代文寫考古題	在時限之內完成並對答案，用自己的方式分析答案	寫題目很專心，仔細看過解題說明，分析答錯的原因	◎
6/22	生物基礎看影片學習	觀賞影片後，做完確認測驗，也挑戰題庫	看完影片寫測驗題，這種搭配有助於學習	○
6/23	Chat IIB 做模擬試題	挑戰 P210～223的例題，掌握解題技巧	不會寫的題目很多，差點就要放棄，但達成目標	△

How to use

1 決定待辦事項及進行日期。

2 想想進行的目的，寫下通關的標準。

3 做完後檢討，寫下完成與未完成的事。

4 延續 Step 3，利用◎、○、△、×4 階段，替自己的做事效率打分數。

Template

思考模板範本　05
提升效率框架

日期	做什麼？	目的與通關標準是？	完成了嗎？	效率？

X1.75 fit to A4 Size

事實⇄課題格式

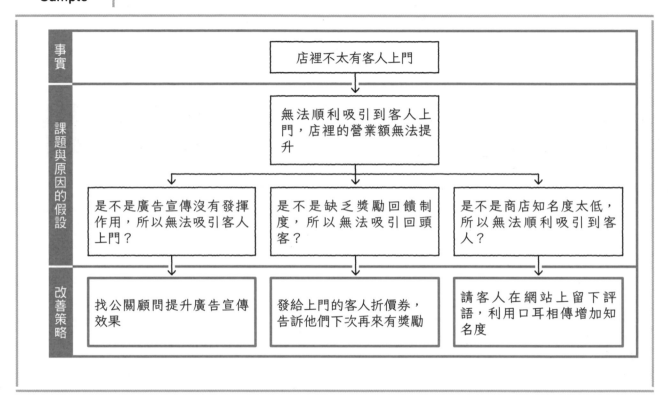

How to use

1 寫下事實。只寫有客觀數據資料證明的事實。

2 寫下課題。進一步與問題連結，寫下如何解決才好的課題。

3 寫下原因。寫下從課題可以想到的原因、非做不可的事。

4 寫下改善策略。

思考模板範本　06
事實⇄課題格式

事實	
課題與原因的假設	
改善策略	

X1.75 fit to A4 Size

計畫立案清單

主題拆解	現況	採取的行動	1 個月的待辦清單	達成率
現代文	沒有特別做什麼，只有複習模擬考題	不太會掌握文章的主旨。總之遇到現代文就摘要，掌握文章結構	做完《○○參考書》的 P1～P50	50%
古文	背古文單字。大致上可以掌握方向，但遇到《源氏物語》就完蛋	利用漫畫等大致了解 1 遍《源氏物語》的內容	讀完《○○源氏物語》	100%
英文長篇閱讀測驗	寫題庫。有時會搞不清楚全篇的語意	利用「語意連接詞」練習英文長篇閱讀測驗	閱讀「語意連接詞」的書，題庫做到 P70	60%
英聽	只有複習模擬試題，偶而聽英文廣播節目	聽英文廣播節目時，加上「跟讀」	每天聽 10 分鐘廣播	15%
數學向量	做完 1 遍題庫。解題方式還沒有記住，在模擬考等實踐場合不會寫	做過 1 遍的題庫再多做幾遍，記住解題模式	題庫做完第 2 遍	90%

How to use

1. 決定自己要面對的主題，拆解該主題的要素。此時要把花時間的內容、優先順序高的內容放在最上面，其他的放在下面。

2. 寫下目前的狀態。寫下擅長與不擅長的內容、到哪裡結束。找到做不到的關鍵，就進行下一個步驟。

3. 延續 Step 2，整理出今後必須採取的具體行動是什麼。有些抽象也沒關係。

4. 延續 Step 3，想想在這 1 個月之內具體該做的是什麼。整理出待辦清單，明天起開始執行。

5. 1 個月之後檢查 Step 4 完成多少。

思考模板範本　07
計畫立案清單

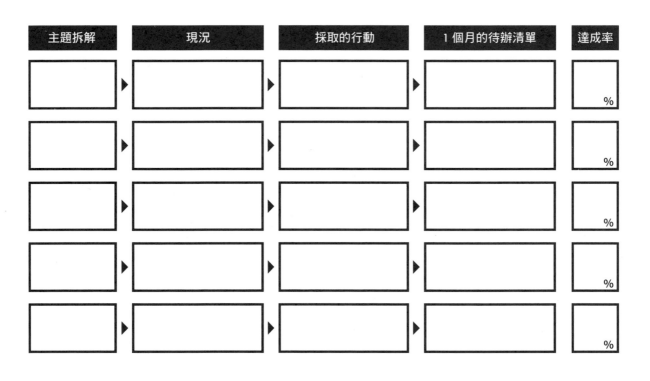

主題拆解	現況	採取的行動	1 個月的待辦清單	達成率
	▶	▶	▶	%
	▶	▶	▶	%
	▶	▶	▶	%
	▶	▶	▶	%
	▶	▶	▶	%

X1.75 fit to A4 Size

截止期限設定表

項目	目標	目標的拆解細項	決定應做事項	截止日
古典文學	最高：80分 最低：70分	基本詞彙與文法不能錯，白話文的翻譯題要答對	平常檢查古文單字本之外，課堂上學到的文法要確實搞懂，搭配參考書和題庫，提高實力	9/26
英語表現	最高：70分 最低：60分	「比較」是最弱的部分，所以會寫的題目不能出錯，多1分也好，盡量多得分	掌握考試範圍的文法，朗讀並記住隔壁頁的範例	9/26
日本史	最高：90分 最低：80分	別粗心大意，要超越上次沒考到的90分	利用筆記歸納整理課本的內容，在空檔時間用自己的話自問自答	9/27
健康體育	最高：80分 最低：70分	靠記憶力的科目很花時間，所以需要一點一滴累積，拿到目標分數	背好課堂中拿到的講義，澈底搞懂課本中的圖表	9/27

How to use

1 首先設定項目與明確的目標。

2 想出達成目標所需的要素並拆解成細項。

3 拆解後，決定應做事項。

4 ——訂出應做事項的期限。

思考模板範本　08
截止期限設定表

項目	目標	目標的拆解細項	決定應做事項	截止日

X1.75 fit to A4 Size

甘特圖框架

主題	暑假作業，9/1 之前完成

截止日

英文課本 瀏覽一遍（90 頁）										8/10
每等分	9P	18P	27P	36P	45P	54P	63P	72	81P	90P
各等分的期限	8/1	8/3	8/5	8/7	8/7	8/7	8/7	8/10	8/10	8/10

英文單字 背 200 個單字										8/31
每等分	20	40	60	80	100	120	140	160	180	200
各等分的期限	8/3	8/3	8/5	8/11	8/11	8/19	8/21	8/25	8/27	8/31

數學 作業簿 120 頁										8/31
每等分	12P	24P	36P	48P	60P	72P	84P	96P	108P	120P
各等分的期限	8/20	8/21	8/22	8/23	8/24	8/25	8/26	8/27	8/28	8/29

日本史題庫 90 頁										8/31
每等分	9P	18P	27P	36P	45P	54P	63P	72P	81P	90P
各等分的期限	8/8	8/9	8/10	8/25	8/26	8/27	8/28	8/29	8/30	8/31

寫新聞的調查學習				8/31
每等分 **各等分的期限**	到這裡結束！→收集資料 8/10	採訪	寫新聞	

How to use

1. 決定應做事項與期限。
（覺得困難就合併 48 頁的「截止期限設定表」一起使用。）

2. 把應做事項以數字標示成「○頁的量」、「○小時的量」等。

3. 把這些數字分割成 10 等分。

4. 逐步完成每 1 等分，每 1 等分也要設定截止期限。
（例如：「10 天完成 30 頁，所以每天進行 3 頁」等。）

5. 在期限之前結束，做完就塗滿，將完成的部分標示出來。

思考模板範本　09
甘特圖框架

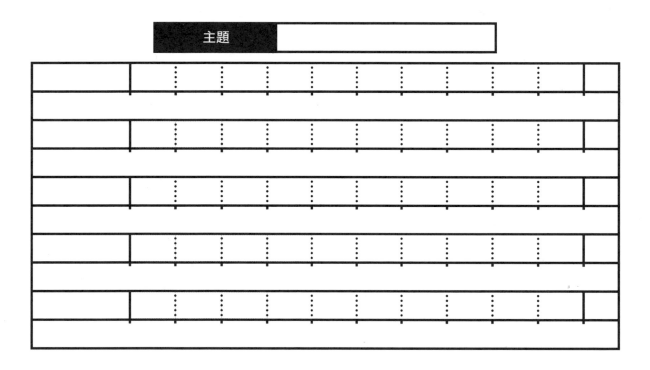

主題

X1.75 fit to A4 Size

狀況整理清單

主題	分析大學入學考試

	優勢	劣勢
個人	・很有心考大學 ・確定自己未來的規畫與想做的事 ・認真準備模擬考和平日的課業	・自己的心理狀態受到模擬考的結果與平日的課業影響 ・苦惱於理想與現實的落差
環境	・認識更多水準相同的夥伴 ・確定想進的學校,更容易得到應考指導與升學指導 ・容易取得必要資訊	・與身旁夥伴的比較,影響到自己的心理狀態 ・可篩選資訊,反而少了其他選項

How to use

1 首先寫下自己的強項(優勢)與弱項(劣勢)。

2 接著想想自己所處的環境,寫下優勢和劣勢。

3 檢查一遍,比較 4 個象限,寫上需要補充的內容。

思考模板範本　10
狀況整理清單

主題	

	優勢	劣勢
個人		
環境		

X1.75 fit to A4 Size

預定事項⇄完成事項清單

	6	7	8	9	10	11	12	13	14	15	16	17	18	19	20	21	22	23	24
8月 16日（一）預定事項				②		③		FREE	③	⑥	⑤		FREE			⑦		④	
完成事項				②		③		FREE	③	⑥	⑤		FREE			⑦		④	

本日預定事項

①TARGET 1900 SEC11、12

②藍 CHAT IIB P413 ～ 431

③漢文 YAMA no YAMA 33 ～ 55

④日本史一問一答 P36 ～ 61

⑤POREPORE 13 ～ 15、複習前面

⑥基礎地球科學 3、4 章

⑦觀看 STUDYSAPURI 英語學習支援 app 的線上課程（休息時）

本日的檢討

一天的生活變得比暑假剛開始時更有意義，用功讀過的內容也都記住了。特別是數學，之前我只要卡住就會放棄，改念其他學科，最近我已經能夠努力靠自己解題。

我最大的問題是一旦分心就會放空，所以在我覺得快要分心時，我會提醒自己去看其他書或影片等。

就快要開學了，希望我能夠繼續維持這個狀態，每天過得更充實。

How to use

1 整理好當作目標的「本日預定事項」。

2 把目標排入行事曆，設定「這個時間到這個時間做這件事」。

3 實際試做的結果也同樣寫進行事曆。

4 看看相差多少，檢討成功與失敗的部分。

Template

思考模板範本　11
預定事項⇄完成事項清單

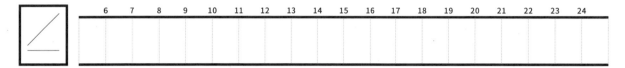

本日預定事項	本日的檢討

X1.75 fit to A4 Size

KPT 格式

主題	7 月的生活計畫

Keep：繼續進行的事項

英文是本月的重點學習項目，所以我安排了最多的讀書時間。具體來說除了每天背單字之外，還加上每天寫一篇英文長篇閱讀測驗，以及練習不熟的文法，強迫自己記住。

Try：未來改進的目標

先在自己心中決定好優先順序並確實執行，因此有了自信。
發現自己沒能夠兼顧其他科目，所以今後也要分配比現在更多的心力給其他科，視各科的進度安排優先順序。

Problem：改善的事項

雖然英文本來就是本月讀書計畫的重點，可是其他科目都沒碰可不行，接下來也必須安排其他非優先科目的讀書時間。

How to use

1 某件事下次也想繼續、覺得進展順利，就列在 Keep。

2 相反的，某件事下次不想繼續、覺得進展不順利，就列在 Problem。

3 最後參考 Keep 和 Problem，思考未來想做的事，把下次想實踐的事列在 Try。

思考模板範本　12
KPT 格式

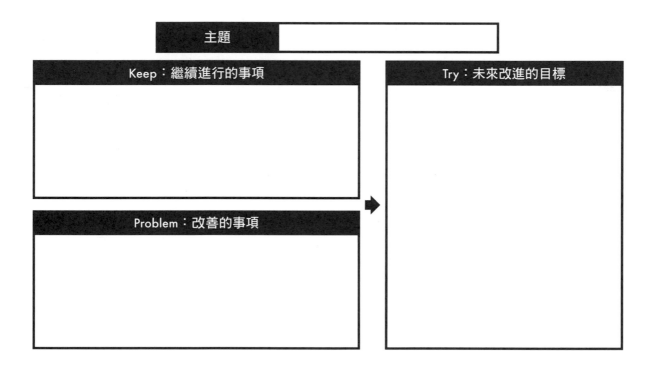

主題

Keep：繼續進行的事項

Problem：改善的事項

Try：未來改進的目標

X1.75 fit to A4 Size

改善清單

	說明	分析	改善
自我責任 I	・忘記通知會議改時間	・改時間時，正好有工作進來，我決定晚一點再發通知	・聯絡盡量不要延遲處理 ・無論如何都無法當下處理時，寫在便利貼上提醒自己
自我責任 II	・開會前沒有提醒出席者	・太漫不經心，認為大家應該記得	・在重要會議開始之前，要再次提醒出席者，並附上詳細說明
他人責任	・沒有從上一位負責人手中交接開會相關資訊	・交接方式沒有固定	・事先做好下次交接的準備
環境責任	・有工作要忙	・忙著工作，往往就會忘記確認	・忙著工作也別忘了確認 ・使用可簡單整理確認事項的工具

How to use

1 寫下兩件失敗事項並附上說明。

2 更進一步詳細寫下自己的責任，再客觀分析。

3 仔細看過分析內容後，寫下「下次應該怎麼做」的改善方法。

4 利用相同方式寫下他人的責任說明、分析、改善。

5 利用相同方式寫下環境因素，也就是從說明、分析、改善這 3 個角度，寫出造成錯誤發生的狀況或時機等。

思考模板範本 13
改善清單

	說明	分析	改善
自我責任I			
自我責任II			
他人責任			
環境責任			

X1.75 fit to A4 Size

目標達成清單

終點
▲

落差　●目標與現狀的落差

瀏覽數不足，與目標差
距甚大。
必須澈底具體化。

▼
現狀

目標　●希望達成的樣子和狀態

公司的自媒體人氣提升

具體來說！

· 每月瀏覽數 1 萬
· 有託播廣告
· 來自聯盟行銷的穩定收入

選項　●該做什麼？

· 媒體本身的宣傳
· 吸引人按下連結閱讀的巧思
· 介紹公司事業

具體來說！

· 利用 Twitter、在綜合情報網站刊登報導
· 利用關鍵性的縮圖和標題，調查工時比例、顧客需求（網站設計的 A/B 測試等）
· 定期發送事業介紹的報導

現狀　●現在的狀態

公司的自媒體還沒有什麼人氣

具體來說！

· 公司的自媒體每月瀏覽數 500 ～ 700
· 沒有廣告託播
· 來自聯盟行銷的收入幾乎是零

How to use

1 設定目標最重要的是先寫下希望達成的狀態。
左邊的內容可以抽象，但右邊要盡可能具體。

2 接著寫下現在的狀態。寫出尚未達到目標的自己目前所在的位置。
左邊的內容可以抽象，但右邊要盡可能具體。

3 延續 Step 1 和 Step 2，寫出兩者的落差。
仔細想一想差距有多少？究竟怎麼做才能成功？

4 根據這個落差，列舉出應該做的事。只要明確列出該做什麼就可以。左邊的內容可以抽象，但右邊的內容必須具體到「明天就能開始挑戰」的程度。

思考模板範本　14
目標達成清單

終點

▲

落差　●目標與現狀的落差

▼

現狀

目標　●希望達成的樣子和狀態	具體來說！

選項　●該做什麼？	具體來說！

現狀　●現在的狀態	具體來說！

X1.75 fit to A4 Size

SMART 目標設定清單

目標設定

　　希望讀完大量的書，培養廣泛的見識

S	pecific ●明確的！	商管書、希臘羅馬哲學、文學、專業領域（法學書等）一個不漏全部讀完吸收，同時實踐在日常生活和工作上。
M	easurable ●可衡量的！	・商管書、希臘羅馬哲學、文學、專業領域書分別以每週 1 本的速度閱讀（1 個月 4 本） ・每讀 1 本就要實踐至少 1 項該書的心得
A	chievable ●可達成的！	・1 本還沒讀完的場合，可以先暫且進行下 1 本（往後挪 OK）。 ・無法實踐的場合，也可以寫下 3 項以上的心得。
R	elated[9] ●相關的！	・與過去的關聯：之前也偶而看書→養成閱讀習慣 ・下次的挑戰：把心得上傳到「note」等網站（實踐）
T	ime-bound ●有時限的！	先持續 1 個月，檢查自己的進度，進行順利的話，持續做滿半年。停滯的話，重新安排計畫。

How to use

1 先寫下想要達成的目標。

2 為了使目標明確，思考 5 項問題並寫出回答。

思考模板範本　15
SMART 目標設定清單

目標設定

S	**pecific** ●明確的！	
M	**easurable** ●可衡量的！	
A	**chievable** ●可達成的！	
R	**elated** ●相關的！	
T	**ime-bound** ●有時限的！	

X1.75 fit to A4 Size

兩項目標格式

未來目標	希望 1 個月之後的模擬考英文偏差值提升 5 分

▼

行動目標	重複練習基本概念不可或缺，另外再加寫類似模擬考的練習題（特別不擅長的英文作文要搭配其他題庫並行）。

▼

數字目標	最低限度的目標	最高限度的目標
	·單字本每天看 1 回合 ·不擅長的英文作文的 24 個重點要掌握一半，記住固定模式，練習到隨時都能使用為止	·除了做到最低限度目標之外，加上文法練習、長篇閱讀測驗，花在英文的時間比平常增加 2 小時 ·題庫的範例文章每天朗讀 1 次，記住片語，練習到隨時都能使用的程度

How to use

1 設定未來目標，想想接下來想要變成什麼狀態，確立終點。這種時候設定狀態目標也可以，但具體設定「要拿幾分」、「年收入多少錢」等很重要。

2 設定行動目標，列出你為了實現未來，所能想到、必須付出的努力。至少必須做到哪些，全部寫出來很重要。

3 其中，自己很容易做到的、今天至少要達成最低限度的事物，放入左邊的欄位，今天不做但優先順序很高的事物放在右邊的欄位。

思考模板範本　16
兩項目標格式

未來目標	

▼

行動目標	

▼

	最低限度的目標	最高限度的目標
數字目標		

挑戰準備清單

主題	為了利用公司提供的海外留學制度，托福要拿 100 分

Q1 自己的環境如何？

正面	可利用上下班前後的通勤時間	負面	平日的早上～晚上 10 點左右幾乎都在工作

Q2 自己的經驗如何？

正面	對大學入學考試程度的英文有自信	負面	在學期間沒有留學經驗

Q3 自己的內在（強項、弱項）如何？

正面	相對來說喜歡學習英文	負面	最近經常敗給智慧型手機的誘惑

How to use

1. 針對自己所處的環境，寫下挑戰時的正面與負面狀況。

2. 針對自己過去的經驗，寫下挑戰時的正面與負面狀況。

3. 針對自己內在、自己心中的強項與弱項，寫下挑戰時的正面與負面狀況。

思考模板範本　17
挑戰準備清單

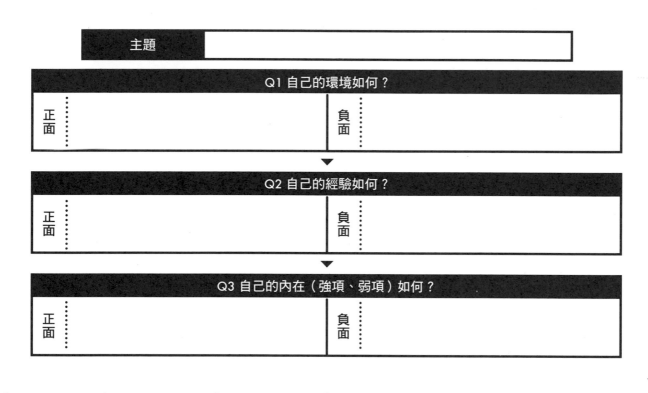

ABC 記憶框架

筆記內容
P127　「幻象才是現實」沒錯／P144　「還不如公務員」這是認知偏差 P149　什麼意思？婦人同盟要有什麼？「各種組織化的方法」是？ →要防止將某個組織專業化，導致某些規則只適用於這個組織。從不同地方加入多項要素，防止只偏向一方的偏見產生。 　　最近表面上看來組織沒有階級化，結果內在還是一樣。 竹刷型：有共同的基礎／章魚壺型：沒有共同的基礎，因此無法向外推廣。 缺乏共同的基礎，只是不同屬性集合在一起。少了共同的基礎，成為組織之後，內部就會形成階級。 不是藉由某個屬性養成習慣，而是集結各自擁有的零件合成，好像會變成好東西？就像這種感覺。 分析現實之後，累積符合的理想？或是先主張理想，再接近現實？

A「理論：重要的關鍵字」	B「情感：有趣的關鍵字」	C「理解：個人的心得」
・竹刷型、章魚壺型 ・「既存」與「變成」	・「幻象才是現實」 ・共同基礎的有無	日本的學問不是從共同基礎衍生的「竹刷型」，而是發展成過度專業分工化的「章魚壺型」。

How to use

1　按照平常的方式寫筆記，用什麼形式都無所謂。

2　寫筆記時，多次強調的詞彙或認為重要的關鍵字，在 A 欄位寫下說明。
　（這裡雖然說是關鍵字，但如果不是詞彙而是句子也可以）

3　寫筆記時，自己覺得感動或有趣的關鍵字及說明，寫在 B 欄位。
　（這裡雖然說是關鍵字，但如果不是詞彙而是句子也可以）

4　延續 Step 1 ～ Step 3，把自己的歸納整理在 C 欄位（摘要在 400 字以內）

Template

思考模板範本　18
ABC 記憶框架

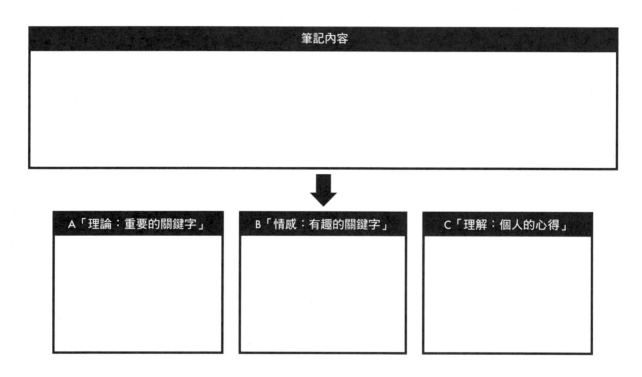

問題分析框架

問題　如何增加英文單字？

問題拆解 A	問題拆解 B	問題拆解 C
深入理解單字	增加成語、慣用語的知識	從實際使用的英文吸收詞彙

答案1　利用單字本掌握單字的原始定義，並一一仔細理解，學會怎麼使用。

答案2　從單字的意思了解慣用語，實際用在朗讀和英文作文等，加深印象。

答案3　反覆練習長篇閱讀測驗，每次看到不知道的單字，就能夠增加知識。

How to use

1 寫下自己想要思考的問題。

2 把問題拆解後，換句話說，將當中最具體的要素具體化。

3 把具體化的每個要素一一組合，變成新問題後寫下。

4 思考答案。

思考模板範本　19
問題分析框架

問題	

問題拆解 A	問題拆解 B	問題拆解 C

答案1	

答案2	

答案3	

X1.75 fit to A4 Size

分層思考框架

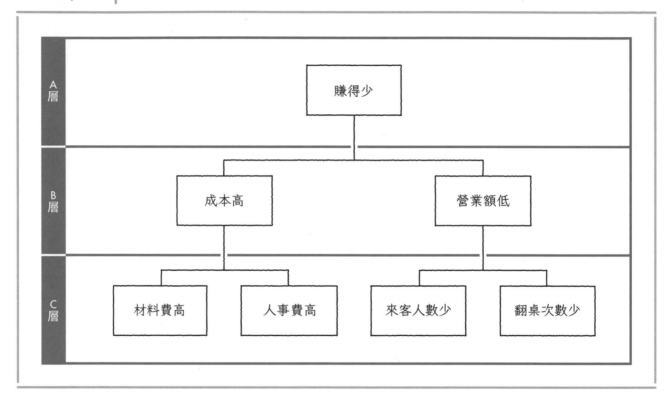

How to use

1 在 A 層寫上一個抽象的大題目。

2 在 B 層寫上 A 層題目拆解後的具體內容。
太具體的場合,就寫在 C 層。

3 在 C 層寫上 B 層更進一步具體化的內容。
此時,如果內容好像是屬於 B 層,就重新分配各層的內容。

思考模板範本　20
分層思考框架

A 層	
B 層	
C 層	

X1.75 fit to A4 Size

狀況摘要格式

狀況 A	・為了打破努力卻沒有成果的狀況，進行「目標達成思考」 ・「分析現狀」、「掌握理想」、「建立方法論」3 階段
狀況 B	關於分析現狀 ・心情不可以因眼前的狀況而起伏 ・把問題拆解成好處理的小問題並分析理由 ・看著已經完成的部分與理由很重要
狀況 C	關於掌握理想 ・不可以選擇輕鬆的理想逃避 ・有點難度才好 ・在自己心中確立選擇這個理想的理由，判斷是否可行 ・設定數字目標，連結未來的現狀分析
狀況 D	關於建立方法論 ・寫出所有應該做、想做的事，整理出相關性 ・鎖定真正該做的事 ・根據花費的時間、與理想的距離，決定先後順序 ・隨時找尋改善之處，持續修正 ・有充裕的時間很重要

變化理由

為了打破努力卻沒成果的狀況，必須進行「目標達成思考」。

目標達成思考包括「分析現狀」、「掌握理想」、「建立方法論」3 階段。

「分析現狀」是指情緒不受到眼前的狀況影響，把失敗拆解成好處理的小問題，分析理由。

此時，注意已經完成的部分與其理由也很重要。

「掌握理想」是指不選擇輕鬆的理想逃避，有點難度感覺剛好。設定好之後，在自己心中確立把那個目標當成理想的理由，並判斷是否可行。

此外，設定數字目標也關係到未來的現狀分析。

「建立方法論」是寫下所有該做、想做的事，分門別類整理後，篩選出真正該做的事情。

根據花費的時間、與理想的距離決定先後順序，實踐過程中隨時找出改善之處，持續修正。安排充裕的時間進行很重要。

How to use

1 不管是按照起承轉合的順序，或時間順序，或聽到的順序都沒關係，總之整理完作筆記。

2 分成大約 4 個段落，歸納出每個段落的要素，再仔細重新讀過。

3 全部歸納完畢後，寫出摘要。

思考模板範本　21
狀況摘要格式

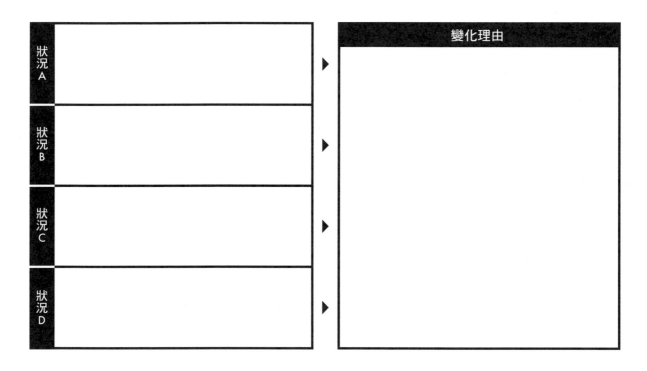

矩陣圖

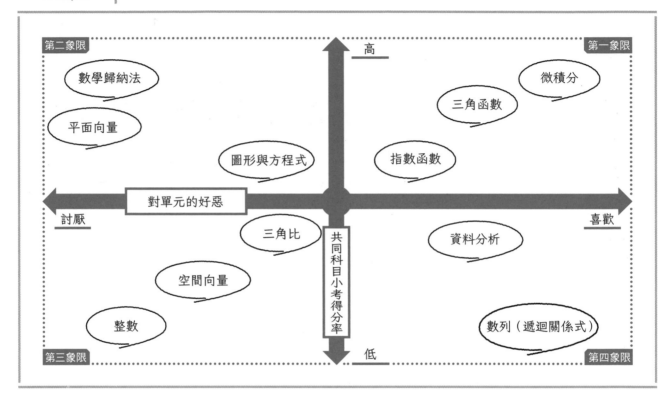

How to use

1 橫軸是主觀的內容，例如：「想做的事」、「喜歡、討厭的事物」等。

2 縱軸是客觀的內容，例如：「對自己有幫助、沒有幫助的事物」、「擅長、不擅長的事物」等。

3 把自己目前的課業或工作標示在矩陣圖上。

思考模板範本　22
矩陣圖

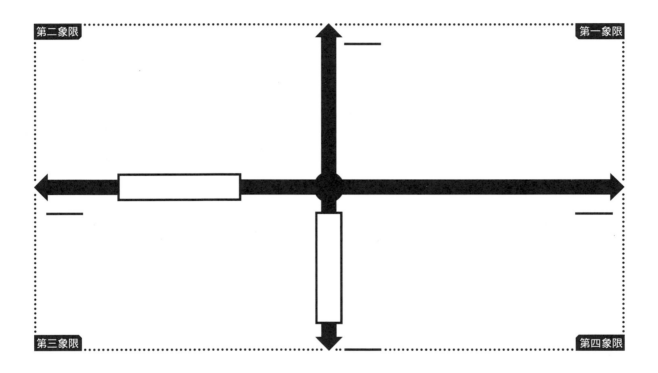

誰、做什麼、怎麼做格式

主題	希望校慶成功

誰	身為 A 班班長的我希望校慶成功。
做什麼	所以積極分配任務給班上同學，督促小組成員同心協力負起責任，準備校慶當天的攤位。
怎麼做	檢查過好幾遍，確定沒有問題。 辦出眾人覺得努力、很值得的校慶。

How to use

1 整理出誰是主語。

2 檢查動詞，確認主語做了什麼。

3 動詞整理完，整理剩下的賓語。

思考模板範本　23
誰、做什麼、怎麼做格式

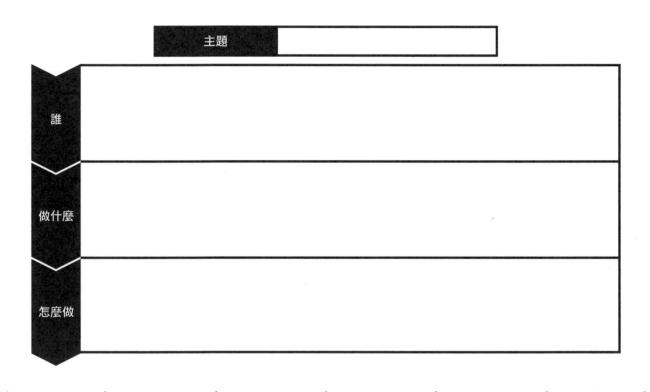

X1.75 fit to A4 Size

自訂兩軸矩陣圖

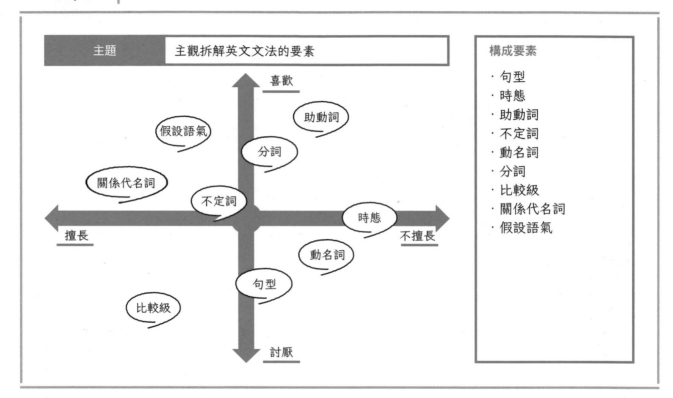

主題	主觀拆解英文文法的要素

構成要素

· 句型
· 時態
· 助動詞
· 不定詞
· 動名詞
· 分詞
· 比較級
· 關係代名詞
· 假設語氣

How to use

1　總之先列出想要當作題材、畫成圖表的事項。

2　看看列出的內容，設定兩軸。

3　思考各要素分別放在兩軸的哪裡，
想想 4 個象限分別屬於何種立場。

思考模板範本　24
自訂兩軸矩陣圖

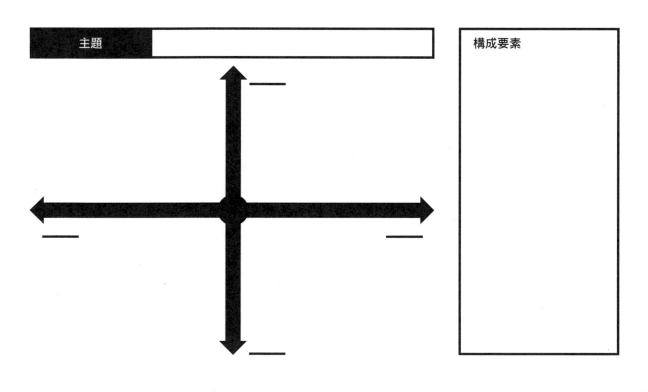

| 主題 | | 構成要素 |

拿手／棘手努力量表

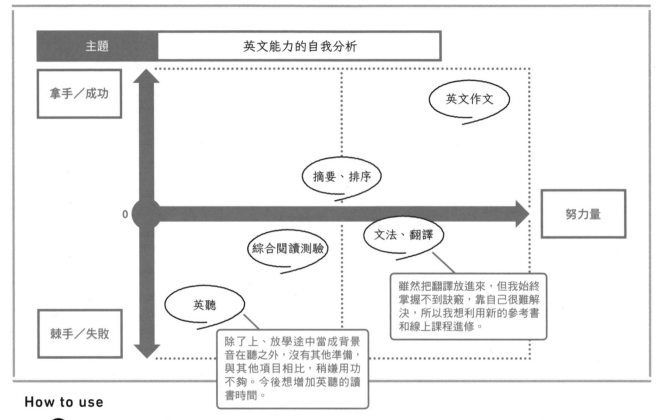

主題　英文能力的自我分析

拿手／成功

英文作文

摘要、排序

0　努力量

文法、翻譯

綜合閱讀測驗

雖然把翻譯放進來，但我始終掌握不到訣竅，靠自己很難解決，所以我想利用新的參考書和線上課程進修。

英聽

棘手／失敗

除了上、放學途中當成背景音在聽之外，沒有其他準備，與其他項目相比，稍嫌用功不夠。今後想增加英聽的讀書時間。

How to use

1 寫下「努力卻沒有結果的項目」。

2 寫下「不努力卻有結果的項目」。

3 寫下「努力所以有結果的項目」。

4 寫下「不努力所以沒有結果的項目」。

5 確認各自的位置，想想怎麼做才能夠變成「努力所以有結果的項目」。

思考模板範本　25
拿手／棘手努力量表

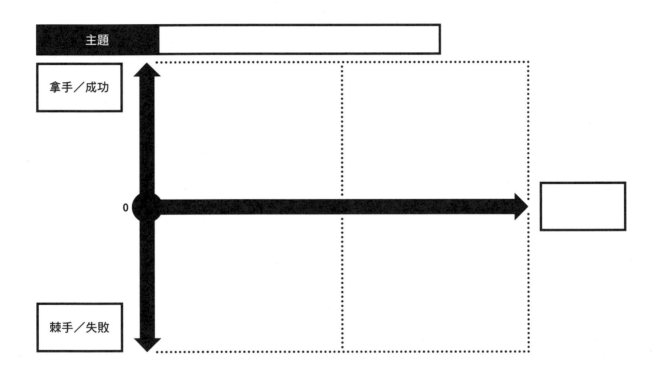

主題

拿手／成功

0

棘手／失敗

範本思考框架

範本	高中學長

	自己	範本
要素 1	工作態度不積極	工作態度積極，樂在工作
要素 2	自己失敗時會怪別人	不會抱怨別人，改善自己
要素 3	想要掩飾疏失	自己有錯時不會掩飾，老實承認
要素 4	累的時候會遷怒別人	即使很累也面帶笑容，不忘肯定的言行
要素 5	老是自己說個沒完	首先詢問對方意見，並仔細聆聽

自我改善的重點
· 自己很想說話也要忍耐，刻意安排傾聽對方說話的時間
· 無論成敗，自己闖的禍要老實承認，正視現實

How to use

1 想想自己身邊可當作模範的對象。

2 分成幾個要素，列出對方了不起的地方。

3 對照對方的優點，寫下自己的缺點。

4 最後找出拉近雙方差距的改善關鍵、模仿關鍵。

思考模板範本　26
範本思考框架

範本	

	自己	範本
要素 1		
要素 2		
要素 3		
要素 4		
要素 5		

自我改善的重點

X1.75 fit to A4 Size

優先順序／行動計畫格式

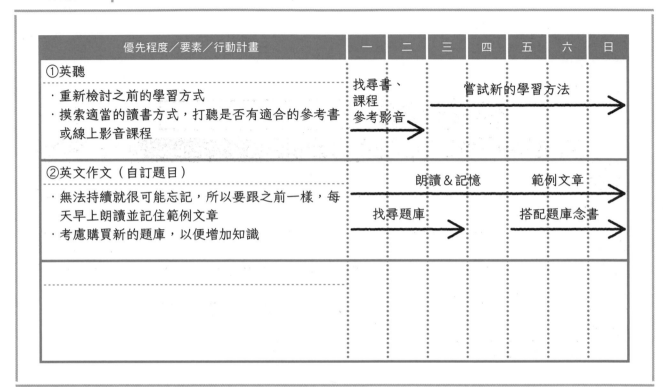

優先程度／要素／行動計畫	一	二	三	四	五	六	日
①英聽 ・重新檢討之前的學習方式 ・摸索適當的讀書方式，打聽是否有適合的參考書或線上影音課程	找尋書、課程參考影音 →		嘗試新的學習方法 ———————→				
②英文作文（自訂題目） ・無法持續就很可能忘記，所以要跟之前一樣，每天早上朗讀並記住範例文章 ・考慮購買新的題庫，以便增加知識		找尋題庫 →	朗讀＆記憶 ———→ 		範例文章 → 搭配題庫念書 →		

How to use

1 從最上面開始，填入你認為優先順序最高的項目。

2 從優先順序高的項目中，列出非做不可的行動。

3 最後從上往下依序填入要在什麼時間執行。

思考模板範本　27
優先順序／行動計畫格式

優先程度／要素／行動計畫	一	二	三	四	五	六	日

X1.75 fit to A4 Size

內容⇄情境清單

情境　●如何傳達？　●怎麼建立脈絡？
・分享自己參加多次課外活動的經驗 ・分享自己在團隊中的行動與從結果得到的經驗

內容　●什麼樣的內容？　●想要表達什麼？
・面試時強調自己的態度積極 ・也想告訴面試官自己很合群

How to use

1 首先想想內容，接著將它寫下來，再歸納出想要表達什麼訊息。

2 看過內容後思考情境。想想要用什麼型態傳達？用什麼樣的脈絡說明更容易聽懂？

Template

思考模板範本　28
內容⇄情境清單

X1.75 fit to A4 Size

落差清單

主題	某行動通訊服務的分析

填補落差的手段

- · 削減窗口服務等的相關成本：年輕人不需要講究的窗口對應，性價比比較重要
- · 把眾多的優惠方案選項一元化：申請簡便，年輕單身族也容易挑選

變化前

- · 在年輕人之間的人氣普通
- · 便宜方案的行動上網量低，增加行動上網量就會變貴

變化後

- · 受到年輕人喜愛
- · 價格便宜且網路用量高

How to use

1 先寫下想要表達的事、想要傳達的結果／目標。

2 接著寫下與該結果有落差的假設。

3 最後寫下填補落差的方法。

思考模板範本　29
落差清單

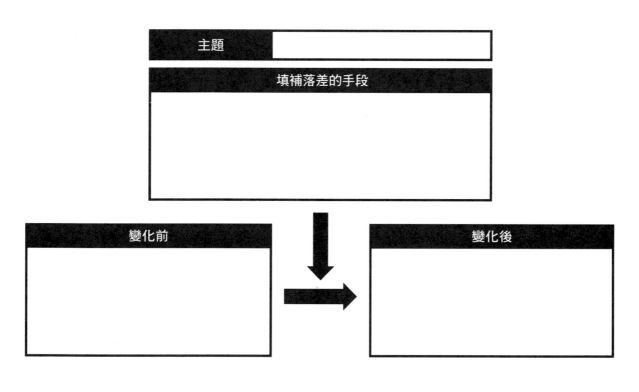

X1.75 fit to A4 Size

東大生的萬用思考術

工作、創業、學業都有用的 29 種思考模板，練就未來人才的 9 大能力

東大生の考え型

作　　　者	永田耕作	
插　　　圖	みの理	
譯　　　者	黃薇嬪	
特 約 編 輯	張瑋珍	
封 面 設 計	比比司設計工作室	
美 術 設 計	簡至成	
行 銷 統 籌	駱漢琦	
行 銷 企 畫	蕭浩仰、江紫涓	
營 運 顧 問	郭其彬	
業 務 發 行	邱紹溢	
責 任 編 輯	賴靜儀	
總 編 輯	李亞南	
出　　　版	漫遊者文化事業股份有限公司	
地　　　址	台北市103大同區重慶北路二段88號2樓之6	
電　　　話	(02) 2715-2022	
傳　　　真	(02) 2715-2021	
服 務 信 箱	service@azothbooks.com	
網 路 書 店	www.azothbooks.com	
臉　　　書	www.facebook.com/azothbooks.read	
服 務 平 台	大雁出版基地	
地　　　址	新北市231新店區北新路三段207-3號5樓	
電　　　話	(02)8913-1005	
傳　　　真	(02)8913-1056	
劃 撥 帳 號	50022001	
戶　　　名	漫遊者文化事業股份有限公司	
初 版 一 刷	2024年6月	
定　　　價	台幣499元	

ISBN　978-986-489-950-0

有著作權‧侵害必究

本書如有缺頁、破損、裝訂錯誤，請寄回本公司更換。

Original Japanese title: TODAISEI NO KANGAEKATA
Copyright © 2022 Kosaku Nagata
Original Japanese edition published byJMA Management Center Inc.
Traditional Chinese translation rights arranged with JMA
Management Center Inc.
through The English Agency (Japan) Ltd. andAMANN CO., LTD.

國家圖書館出版品預行編目 (CIP) 資料

東大生的萬用思考術：工作、創業、學業都有用的29 種思考模板，
練就未來人才的9 大能力 / 永田耕作著; 黃薇嬪譯. -- 初版. -- 臺北
市 : 漫遊者文化事業股份有限公司出版; 新北市：大雁出版基地發
行, 2024.06
208 面; 21 × 20 公分
譯自：東大生の考え型：「まとまらない考え」に道筋が見える
ISBN 978-986-489-950-0(平裝)
1.CST: 思考 2.CST: 思維方法
176.4　　　　　　　　　　　　　　　　　　　113006638

漫遊，一種新的路上觀察學
www.azothbooks.com

漫遊者文化

大人的素養課，通往自由學習之路
www.ontheroad.today

遍路文化‧線上課程